Richard Birkenhoff

Über Metrum und Reim der altfranzösischen Brandanlegende

Richard Birkenhoff
Über Metrum und Reim der altfranzösischen Brandanlegende
ISBN/EAN: 9783743424463
Hergestellt in Europa, USA, Kanada, Australien, Japan
Cover: Foto ©Thomas Meinert / pixelio.de

Manufactured and distributed by brebook publishing software (www.brebook.com)

Richard Birkenhoff

Über Metrum und Reim der altfranzösischen Brandanlegende

Ueber

Metrum und Reim
der altfranzösischen Brandanlegende.

INAUGURAL-DISSERTATION

zur

Erlangung der Doctorwürde

der

hohen philosophischen Fakultät zu Marburg

vorgelegt von

Richard Birkenhoff
aus Hoerde in Westfalen.

(Ausg. u. Abh. aus d. Geb. der roman. Philol., Heft XIX).

Abkürzungen.

L = Londoner Handschrift.
O = Oxforder Bruchstück.
P = Pariser Handschrift.
m = männlich.
w = weiblich.
+ 1(2) = Anzahl überflüssiger Silben.
− 1(2) = Anzahl fehlender Silben.
.' = geschlossen.
.' = offen.
ˑn = nasal.
ˑj = mouillirt.
.₀ = im Auslaut.
.ᵥ = vor Vocal.
.ᶜ = vor einfacher Consonanz.
.ᶜᶜ = vor Doppelconsonanz.
ᵛ.ᵛ = zwischen Vokalen.
ᵛ.ᶜ = zwischen Vokal und Consonanz.
ᶜ.ᵛ = zwischen Consonanz und Vokal.
ᶜ.ᶜ = zwischen Consonanten.
ᵛ.ˑ₀ = nach einem Vokal und im sekundären Auslaut.
ᶜ.ˑ₀ = nach einem Consonanten und im sekundären Auslaut.
ᵛ.₀ = nach einem Vokal und im Auslaut.
ᶜ.₀ = nach einem Consonanten und im Auslaut.
= = gebunden oder identisch mit.
o = nichts.
∞ = sich selbst.
: = in der Reimreihe.
ahd. = althochdeutsch.
germ. = germanisch.
goth. = gothisch.
s. = siehe.
S. = Seite.

Seinem verehrten Lehrer

Herrn Prof. Dr. Edmund Stengel

in Dankbarkeit

gewidmet

vom Verfasser.

Nachstehende Abhandlung über Metrum und Reim der altfranzösischen Brandanlegende war bereits von der philosophischen Fakultät zu Marburg genehmigt worden, als mir die Dissertation Joh. Vising's: »Etude sur le dialecte anglonormand du XIIe siècle« (Upsala 1882) zuging. In dieser Arbeit ist ausser der Estorie des Engleis par Gaimar und der Chronique de Fantosme auch der Brandan in den Kreis der Untersuchung gezogen und speciell auch meinem Thema bereits Aufmerksamkeit zugewandt worden. Damit ist zwar der Hauptanlass zu meiner Arbeit, welcher gerade darin bestand, dass dieser so wichtige Text noch nicht zum Gegenstande einer eingehenden Untersuchung gemacht worden war, gefallen. Doch finde ich in dem Unterschiede der von mir befolgten Methode sowie darin, dass Vising das Thema noch keineswegs erschöpfend und überall mit mir in Uebereinstimmung behandelt hat, Veranlassung genug, meine Untersuchung ebenfalls zu veröffentlichen, werde indess nunmehr nur da eine ausführliche Darstellung geben, wo ich von Vising abweiche, ihn ergänzen oder berichtigen kann.

Von den unser Gedicht enthaltenden Handschriften habe ich, da mir andere leider nicht zu Gebote standen, im Wesentlichen nur die bis jetzt gedruckten benutzen können:

1) Die Londoner Handschrift (L), abgedruckt von Suchier in den romanischen Studien 1, 567 ff.[1]).

---

[1]) Die von Michel nach derselben Handschrift besorgte Ausgabe des Gedichts ist entbehrlich, vgl. Gröber's Recension, Ztschr. f. rom. Philol. III 265.

2) Die Pariser Handschrift (P), abgedruckt von Auracher in der Zeitschrift für romanische Philologie II, Suppl. 2, 439 ff.

3) Das Oxforder Bruchstück (O), von dem Suchier in den romanischen Studien III, 565 f. in Bezug auf den Londoner Text die Varianten mitgetheilt hat [1]).

Von der Yorker Handschrift war ich dagegen nur auf die in der Visingschen Arbeit befindlichen Angaben beschränkt, während die Ashburnhamplacer Handschrift als zur Zeit noch unzugänglich ganz unbenutzt bleiben musste.

---

1) Die von Suchier hierzu benutzte Abschrift dieses Bruchstücks wurde von Herrn Prof. Stengel auch mir bereitwilligst zur Verfügung gestellt, wodurch ich in den Stand gesetzt wurde, diese Varianten zu controliren. Abgesehen von ganz wenigen kleineren Ergänzungen will ich hier besonders die nähere Angabe der Lücken des Bruchstücks nachtragen, die zu machen Suchier unterlassen hat; für die kritische Herstellung des Textes kann ihre Kenntniss nicht ohne Wichtigkeit sein.

4 et (meist so geschrieben) remeindra.., 14. tu le defende c̦ gabet, 19[I]cist.. fu neis.., 25[O]d.. ciel.. aura, 27? g. r. e., 29[..] m[u]inie..., 31[..] lor[d]re.. abiz, 33[. ar]t [d]e.. [i uin]drent, 35[...]...[.], 36[.].brandans.., 37 [..]. tous ensample, 38[.....] anple, 39.. brandans.. purpe[ns], 40 [...er]t...., 41 [De.]conseils et .[.], 42[....].., 43[...].fesei[t.], 44?, 45 [..l]es[mor]s et.l[es.], 46[...er]t., 47 f., 48[.....]., 49 f., 50 f., 51 f., 52[...des]erit[et], 53 f., 54[.....stori]e, 55 f., 56[.....s]eier, 57 M[ais....], 58[.....f]ors[.], 59 D[eu...], 60[...u]isablement, 61 A[inz....]?, 62[....] deuront [a]ueir, 63 f., 64[...].., 65 f., 66[....]ilueo, 67 f., 68[...eo]ls e[scu]el, 69 f., 70[......]. fei, 71 f., 72[...].., 73 O s[ei...], 74[....con[fes as., 75 B[arinz....], 76[....]sainte vie, 77 f., 78[.....]aueit, 79 D[e....], 80[...a]ueir [ad]os 81 S [il.....], 82 [. ensamp]les.. respiz, 83 f., 84[....].., 85 [.] f[ud....], 86 [...ci]st.., 87 f., 88[..ailu]rs et. sultis, 89[.....]., 90 E[n..m]ist.. nauein, 91. f., 92[..ne]ntra...., 93 f., 94[.....cifle, 95 f., 96.[....flu]r, 97 f., 98[....] curut, 99 f., 100[..angel]es. loie, 101 f., 102 [...]que a.., 103 Q[ant....], 104[...]. riceu, 117 Ceo. brandans.. vus., 118.. vus.eins.., 119.. dechi vus. meingie, 131 Et enc... seint espirt, 132 lui ne femes... uirt, 148 ....uoilt creir[e], 186 Deu graciez...., 188 As vus la treif.., 218 ico uedeir pur quez.., 257 De cr[eos].... resort, 258... plus ad.., 259... [..], 263.. out lui...., 265 Forment.. eissent.., 277 que en.. ume nenoit, 310. vus satan ki..

Ich lege was nach dem im ersten Theil der Arbeit Gesagten gerechtfertigt erscheinen wird, die Londoner Handschrift zu Grunde und werde von dieser nur da abweichen, wo sie selbst dazu den Anlass gibt oder ihrer Lesart eine andere richtige, von dem Oxforder Bruchstück und der Pariser Handschrift gemeinsam gebotene Lesart gegenübersteht.

I. Das Metrum.

Die Form im Allgemeinen.

Die altfranzösische Brandanlegende ist uns durch die bis jetzt gedruckten Handschriften in zwei verschiedenen metrischen Formen überliefert worden, in achtsilbig-männlichen und siebensilbig-weiblichen[1]) Versen durch L und O[2]), in achtsilbig-männlichen und achtsilbig-weiblichen Versen durch P[3]). Keine dieser Handschriften zeigt zwar selbst die eine oder andere angegebene Form einheitlich durchgeführt, allein eine nähere Vergleichung ihrer Texte lehrt, dass die dagegen verstossenden Verse nur als scheinbare, d. h. durch die Copisten verursachte Ausweichungen zu betrachten und daher wenigstens für die Vorlagen dieser Handschriften nur jene beiden Metra ausschliesslich anzunehmen sind.

---

1) Vising nennt S. 45 diese weiblichen Siebensilber ebenfalls Achtsilber, was ich insofern für unpraktisch halte, als sonst in der franz. Metrik die überschüssige Silbe im Ausgange weiblicher Verse bei der Silbenzählung nie berücksichtigt wird.
2) Nach G. Paris ist dies auch die Form des Gedichts in der Ashburnplacer Handschrift, s. Vie de St. Alexis S. 4, Anmerkung.
3) So auch nach Vising durch die Yorker Handschrift.

So lassen sich berichtigen:
1) in *O:*
a) durch LP: 247, 252, 272 [w.—1][1]); 24, 30, 115, 187, 192, 276 [m.+1].
b) durch L: 108, 124 [m.—1]; 1,178 (l. *curante* st. *curance*) [w.—1]; 130, 164[2]) [m.+1], 134, 304 [w.+1].
c) durch P: 301 [m.—1]; 254 [w.—1]; 180 [m.+1].

2) in *P:*
a) durch LO: 68 [m.—1]; 247 [m.+1].
b) durch L: 406, 1173, 1269, 1565 [m.—1]; 615,804,1094, 1569 [w.—1]; 312, 703, 1399 [m.+1]; 1527 [w.+1].

3) in *L:*
a) durch PO: 114, 144, 175, 242, 266, 271 [m.—1]; 223, 246 [m.+1].
b) durch O: 10, 78, 108, 282 [m.—1]; 76 [w.—1]; 132[3]) [m.+1], 148 (l. aber *volt* st. *voilt*)[4]), 292 [w.+1].

---

1) Mit m. und w. bezeichne ich kurz das Geschlecht der Verse; m. = männlich, w. = weiblich; + resp. — bedeutet, dass ein Vers zu lang resp. zu kurz ist, und die ihnen nachfolgenden Zahlen geben die Anzahl der überschüssigen resp. fehlenden Silben an.
2) Wie L liest auch die Yorker Handschrift vgl. Vising S. 21.
3) Nach Gröbers Ztschr. III, 134 ist dieser Vers dunkel; ich übersetze ihn: Wir fasten hier, damit er uns dorthin wendet.
Die übrigen ebenda noch als unklar verzeichneten Verse interpretire ich folgendermassen: 91, wodurch er dann an einen solchen Ort kam. 164, ...jetzt den Brandanfelsen nennen (*salt* = Vorsprung, Felsen vermag ich freilich nicht anderweitig zu belegen), oder nach P: ... Sanct Brandan nennen.
177 (l. *uindre* st. *juindre* und *qu'esculante* st. *que sculance*) und liess es ausschmieren, damit es mit der Welle fliessend und eilend wäre. Wegen des Enjambements vgl weiter unten analoge Belege.
215 wegen des guten Windes zögern sie nicht; wegen *se feindre* = zögern s Bartsch, Chrestomathie.
232 (l. *haler* st. *aler*) noch welche Stricke sie anziehen sollen.
257 und aus den Höhlungen darunter hebt sich das Wasser empor.
262, welcher einschnitt in den grauen Kalkstein; wegen *liois* s. Bartsch, Chrestomathie.
4) Wegen *creire* vgl. die darüber im Rimarium gegebene Anmerkung.

c) durch P: 46 [1]), 58, 69, 187, 303, 325, 332, 344, 348,
383, 411, 537, 545, 556, 565, 639, 697, 716, 722, 737, 765, 786,
810, 834, 853, 874, 875, 914 [2]), 929, 953, 965, 981, 1013,
1017, 1048 (doch l. *muris que* st. *que murir*) [3]), 1055, 1059,
1063, 1064, 1075, 1086, 1094, 1110, 1115, 1126, 1154, 1157,
1169, 1222, 1229, 1244, 1272, 1305, 1315 (l. *al* vor *diemaine*),
1317, 1325, 1336, 1342, 1353, 1354, 1361, 1371, 1381,
1391, 1397, 1405, 1447, 1465, 1515, 1523 (l. *les* vor *ad*), 1570,
1578, 1593, 1646, 1658, 1676, 1690, 1696, 1697, 1811, 1812
[m.−1]; 254 (l. *U nul deals tuz entrer nen ose* st., wie Gröber
Ztschr. III, 133 meint, *u nul deals entrer nen ose*) [3]), 353, 397,
446, 516, 567, 570, 709, 711, 712, 797, 804, 887, 931, 1036,
1038 (l. *dunc li dient tuit li frere*) [3]), 1042, 1129 (l. *parmi* st.
par) [3]), 1156, 1160, 1166, 1210, 1235, 1266, 1288, 1591, 1607,
1711, 1742²)[w.−1]; 1704 [w.−2]; 1653 [m.−3]; 316, 366, 480,
504, 629, 741, 750, 772, 791, 792, 826, 1073, 1074, 1170, 1270, 1289,
1304, 1321, 1349, 1393, 1749 (l. *Li flum i sunt qui ourent luit*)
[m.+1]; 328, 465, 583, 613, 789, 932, 1242 (tilge I) 1312, 1334
(l. *Qu'altre* st. *Que laltre*) 1385 (l. *mais jo sui fait de matire*),
1462, 1741, 1802 [4]) [w.+1]; 315, 384 [m.+2]; 883 [w.+2].

Damit sind freilich die Ausweichungen noch nicht erschöpft.
Namentlich bleibt in L noch eine Anzahl anderer ausweichender
Verse übrig, welche theils mit den entsprechenden Versen der
übrigen Handschriften übereinstimmen, theils in den übrigen

---

1) Doch könnte auch *eret* st. *ert* gelesen werden, vgl. Verbalflexion;
wegen *esteit* vgl. 98, 1293, 1675, 1630, 1699.
2) Vgl. Verstummung von nachtonigem *e*.
3) Vgl. unten das Kapitel über die Caesur.
4) L. dem entsprechend in 1801 im Reime *pris* st. *alat* m. P. Durch
Annahme der Verstummung des nachtonigen *e* in *enseignes* würde der
Vers keine Cäsur erhalten (vgl. aber S. 22), und für die etwa noch
denkbare Contraction von *ai* in *parais* zu einem einsilbigen Laute fehlt
jede Analogie.
Da dieselben Worte *pris, parais* im unmittelbar nachfolgenden Reime
wiederkehren, ist die nachträgliche Aenderung in L leicht erklärlich.
Wegen des Folgereims vgl. unten das Capitel über den Reim.

Handschriften fehlen und zum Theil endlich aus metrischen oder sprachlichen Gründen oder wegen zu grosser Differenz in der Ueberlieferung durch P schwerlich zn berichtigen sind. Auch sie aber lassen sich auf andere Weise ohne Schwierigkeit beseitigen. Es sind:

A) zu kurze Verse, und zwar:

1. Um 1 Silbe; zu berichtigen [1]):

a) durch Beseitigung einer offenbar verkehrten handschriftlichen Ucberlieferung:

628, Al siste meis [des] jurz (*st.* jurn) la fin (P lont conquise li pelerin). — 1729, Avant (*st.* Quant) en vait cil juvenceals (P = L) *vgl.* 1063 (*l.* Ayant *st.* Quant m. P).

b) durch Einsetzung eines Wortes in seine ältere Form:

α) von männlichen Versen:

270, D(e)' emper[e]ur mult riche feu (*f.* PO). — 336, De lar[e]c(e)in cument il lout (P del hanap dor...) *vgl.* larecin 319, 1272. — 618 U estrei[e]nt al noel (*st.* nael) deu (P. il seront...)

β) von weiblichen Versen:

686 Itant cler[e]s sunt les haspes (P erent listees bien les chapes). — 865 Ferment lur nef od cha[e]ines (P fermerent lur nef od lur chaines.

c) durch Einführung einer längeren gleich üblichen Wortform oder eines synonymen längeren Wortes an Stelle der bezw. des entsprechend kürzeren:

368 En [i]tel leiu u plus prendrez[2])(P. tel... prenderes); *wegen* itel *vgl.* 16, 91, 560, 1318 *u. a. m.* — 588 Dous meis estrez [i]ci en jurn (P e tant remanres ci entor). — 735 [I]dunc lui prist deu de sei pres (P=L) *vgl.* idunc 228, 304 *u. a. m.* — 1756 Un (*st.* Ci) munt i at [i]cil est d(e)'or (P Se piere i a si samble d(e)'or).

d) durch Hinzufügung eines durch den Zusammenhang geforderten oder wenigstens zugelassenen Wortes:

α) von männlichen Versen:

476 En lui puis mult mielz [vus] crerez (P.. plus ferme'ment cr.).— 641 Eisent sen [fors] tuit uns e uns (P.. tuit ce fu raisons) *vgl.* 639, 441,

---

1) Das, was meines Erachtens zu tilgen ist, setze ich in runde, das, was zuzufügen ist, in eckige Klammern.

2) Mit P *prenderez* st. *prendres* zu lesen (so Vising S. 100) erscheint mir bedenklich, da dergleichen Futurformen mit unetymologischem *e* sich nicht anderweitig aus unserm Texte belegen lassen.

688, 1509. — 1430 U [si] ne vois *st.* veis aurai mal seir (P a nevois i arai..). — 1588 Sanz mal quar [jo] sui en repos (P f.). — 1564 De mei servir [mult] suven[i]ers (Pf.). — 1791 de la glorie cent mil [feiz] tant (P....mile tant).

β) von weiblichen Versen:
594 [Enz] en sun soign (*st.* seig) tu[i]t se mistrent (P en son enseignement se.). — 1508 Roiste lur [est] (L est) e escive (P f.).

2. Um 2 Silben:
801 Mest[i]er lur furent (*st.* unt) [en] lu[r] me(i)t¹).

B) zu lange Verse und zwar nur 1 Silbe; zu berichtigen:
a) durch Beseitigung einer offenbar verkehrten handschriftlichen Ueberlieferung:

α) von männlichen Versen:
414 Ne sai(so) [si] (a)set (*st.* sat) mais poi len dist (P. sai so sa mais...). — 474 Qu(i) il vus voleit plus asener (PQue plus nos voleit asener).

β) von weiblichen Versen:
1, Donne (*st.* Donna) Aaliz la reine (P f.). — 83, Qu(il)'il vit en mer e en terre (P f., O unvollst.). — 1660 Pur la nue (que) quunt en coste (P...qui ert en c.).

b) durch Ausscheidnng eines überflüssigen Wortes:

α) von männlichen Versen:
6, E (par) le cunseil qui ert en tei²) (O=L) (P f.). — 1557 Trestut i sui es carn e (en) os (P f.).

β) von weiblichen Versen:
327 Treis jurs ent[i]ers (i) sujurnerent (P=L). — 790 Pur quei unt (le) cors mult peinible (P=L). — 1344 (E) cil del val est plus horribles

---
1) P bietet die wenig ansprechende Lesart: *Mester lur orent voirement* und im folgenden Verse *betument* st. *betumeit*. Die Yorker Handschrift befriedigt ebensowenig, s. Vising S. 22. — Wegen *met* vgl. Diez Etym. Wtb. it. *madia*, desgl. La Curne de Ste Palaye's Dictionnaire und Burguy's Grammaire III. Das Wort fasse ich hier in der augenblicklich von mir allerdings nicht anderweitig belegbaren figürlichen Bedeutung »Klemme, Verlegenheit« in welchem Sinne bekanntlich auch das neufrz. *pétrin* (die wirkliche Bedeutung ebenfalls »Backtrog«) gebraucht werden kann. — L. dem entsprechend im folgenden Verse im Reime *betumet* st. *betumeit*, vgl. hierzu offenbar vom Copisten herrührende Schreibungen von *ei* st. *é* wie in *suffreis* 549, *choiseir* 1189, *esteit* 1745, *russeie* u. a. m.

2) Zu lesen: *E par le cunseil qu'iert en tei* ist ausgeschlossen, weil dann dem Verse die Caesur fehlen würde.

(P=L) vgl. 1345/46. — 1547 La me mandat que (ci) venisse (L=P). — 1567 Tuz dis tres feiz (en) la* semaine (P=L) vgl. 134.

Sonst begegnen ausser den durch Handschriftenvergleichung zu berichtigenden Versen nur noch wenige Ausweichungen in P. Abgesehen von den bereits oben genannten Versen 686 (L 735), 1647 (L 1729) sind es nur noch die Verse 445, 802, 1064, 1158, welche in L und P übereinstimmen und in O fehlen. Diese sind aber sämmtlich weiblich und möglicherweise von dem nachträglichen Ueberarbeiter des Gedichtes zu verändern vergessen worden. Diesen weiblichen Versen reiht sich schliesslich auch noch 410 an, da *le feu* offenbar in den folgenden Vers gehört und das von L gebotene überschüssige *de* vor *dis luies* schwerlich wird eingeschaltet werden können.

Ueber V. 6 in O, der mit dem entspr. Verse in L übereinstimmt, in P aber fehlt vgl. oben Versberichtigung in L.

Eine Anzahl anderer, bis jetzt noch nicht erwähnter Verse lässt sich auf das richtige Silbenmass bringen durch Vornahme von Elisionen, welche nur graphisch nicht ausgeführt sind oder durch Unterdrückung eines tonlosen *e*; vgl. hierzu weiter unten das Kapitel über Hiat, Elision u. s. w. und Phonetik, tonloses *e*.

Somit bleiben nur die oben genannten zwei Möglichkeiten übrig, welche wir bei der Feststellung der ursprünglichen Form unseres Gedichtes näher in Betracht zu ziehen haben.

Schon wegen der ausserordentlichen Seltenheit der durch die Londoner Handschrift überlieferten Form[1] werden wir von vorn herein wenig geneigt sein, diese etwa als die durch Umarbeitung entstandene anzusehen, und andererseits spricht deutlich für ihre Ursprünglichkeit die Einleitung zu dem Londoner Texte, in welchem sich V. 9—11 der *apostoiles danz Benedeiz* mit den Worten »*Que comandas* (Königin Adelheid) *co ad en letre mis*« ausdrücklich als Verfasser nennt, während wir statt dessen in der Pariser Handschrift im Anfange nur

---

. 1) Wegen anderer Gedichte desselben Metrums s. Vising S. 52, wozu noch die Doctrina de Cort von Terramagnino de Pise (Romania VII 209) nachzutragen ist.

lesen: »*Seignor oies pue je dirai dun saint home vos conterai*«.
Diese an sich freilich noch bezweifelbare Angabe in L wird
entschieden bestätigt durch eine eingehende sprachliche Vergleichung der verschiedenen Texte, indem die in P vorkommenden Abweichungen, welche die Verschiedenheit des
Metrums bedingen, sich gegenüber den in sprachlicher wie
inhaltlicher Hinsicht meist völlig befriedigenden Lesarten in L
als durchaus unnöthige und oft unpassende Zusätze und Veränderungen herausstellen. Die beweisendsten Fälle, nämlich
diejenigen weiblichen Verse, in denen in P der Sinn verschlechtert
oder zerstört, gegen die Grammatik unseres Dichters verstossen
wird, und Eigenthümlichkeiten picardischer Mundart in unsern
entschieden anglonormannischen Text eingeflochten werden s.
Vising S. 47.

Ihnen lassen sich noch zufügen: 169, dessen Inhalt nicht
in den Zusammenhang passt; 675, wo der bestimmte Artikel
unpassend; 1411, wo *i* wegen des vorhergehenden *u* (*ubi*) und
1492, wo *devant* offenbar fehlerhaft ist. Im Uebrigen trage
ich, um zugleich die Art der Erweiterung zu veranschaulichen
noch nach:

A) Ueberflüssige Zusätze.

1. Artikel: a) der bestimmte[1]): li 976, 980 (L 1027 *vgl. u. Verst.
v. nacht.* e II) 1137; le 236, 741 (L 790, *vgl. oben Versber.*, S. 11), 842, 1539,
1635, 1680, 1730; la 40, 170, 435, 658, 729, 836, 854, 1113, 1365, 1558,
1680. b) der unbestimmte: uns 955, un 615, une (*vor vokal. Anl.*)
622, 1019.

2. Substantiva: cors 923; crist (*zu jesu*) 1218; drap 1403; main
(*zu* la destre) 152.

3. Adjectiva: bon 167, 626, 745, 1577; grans 1722, grant 339, 491,
534, 474, 890, 916, 997, 1076, 1092, 1117, 1136, 1348, 1557; las 1338
(L 1386, *l.* mes *st.* nuls *und* desfrire *st.* desire); saint 431, 1471; tel 1337
(L 1385, *vgl. oben S.* 9).

---

1) Vgl. hierzu Stellen, wo der bestimmte Artikel in beiden Handschriften fehlt: 107 (L 161) 157 (L 212) 319 (L 372), 352 (L 407), 485
(L 536), 847 (L 894) 1021 (L 1068) u. s. w.

4. Pronomina:
a) Personalia: α) zur Bezeichnung der Personen bei Verbalformen die Nominative: jo 1473, 1508; tu 1210; il (*Sgl.*) 119, 562, 674, 682, 904, 1393, 1394, 1434; nos 342; il (*Plur.*) 158, 179, 192, 430, 850, 856, 1161, 1434, 1529, 1532, 1621; β) die Dative: li 87, 481; lor 1065, 1077, 1622, 1645, γ) die Accusative: le 1122, 1240; les 860.

b) Reflexiva: se *zu*: duter 434, targier 568, 796, 1662, moveir 1540.

c) Possessiva: ma 1414, mes 1364; son 189, sa 298, ses 954, lor 184, 661, 844.

d) Demonstrativa: ce 464, 1509, ces 1228, cels 1568.

e) Relativa: qui 1624; dunt 1591.

f) Indefinitiva: en 558, nus 188, tous 91.

g) Numeralia: deus (*zu* ambes) 1580.

h) Verba: sunt 628; fu 593, 1059, 1144; fust 122.

5. Adverbia:
a) des Ortes: ci 1209, 1253; i 205, 216, 234, 274 (L 327 *vgl. oben Versberichtigung* S. 11), 872 (*l.* ni *st.* ci, L n'), 1110, 1318, 1528, 1541, 1567, 1661; la 925, 1284; ens (*zu* en) 391, 1111, 1227; hors (*zu* de=*aus*) 725; en (*zu Verben der Bewegung*) 19, 289, 906, 1636.

b) der Zeit: or 940, 943; puis 521; dunt 1271; lors 303; mais (*länger*) 1131; ja 171, 1195; ainc 108.

c) der Weise: bien 252, 788, 1285, 1623, droit 613, 822, 1138, 1530; haut 198, 519; mais 1388 mult 27, 237, 629, 898, 899, 1056, 1057, 1115, 1171, 1280, 1412, 1433, 1531, 1611, par (*zur Verstärkung eines Adjectivs*) 994; pas (*zur Negation* ne) 160, 252, 364, 1052, 1187, 1249; seul (*zu* fors. de *ausser*) 159; si 1470, 1629; tot 1116, 1642; trop 1283.

6. Präpositionen: a 600, 1263, 1474; de 258, 441, 680, 1235, 1261, 1262, 1264, 1398, 1602, 1603, 1604; en 540, 728, 1254, 1487 (L 1567, *vgl. oben Versberichtigung* S. 12) entre (*zu einem reflexiven Verb.*) 892.

7. Conjunctionen: car 65, 388; e 175, 239, 204, 288, 299, 394, 442, 479, 480, 490, 500, 662, 665, 766, 852, 938, 963, 990, 1020, 1053, 1095, 1106, 1123, 1158, 1170, 1216, 1296 (L 1344, *vgl. oben Versberichtigung*, S. 11), 1318, 1387, 1387, 1419, 1443, 1510, 1599, 1601, 1650, 1652, 1653; mais 1146, 1248; ne 178, 1103; que 551, 942, 1347; si (=et) 1463 (*zur Einleitung des Nachsatzes*) 953.

8) Interjection: ha 1194.

B) Unnöthige Aenderungen.

1. Aufhebung von Elisionen, Aphäresen und Inklinationen:

a) In Fällen, wo dieselben erlaubt aber nicht nothwendig sind, durch Einsetzug der von ihnen betroffenen

Wörter in den Silbenwerth; so des Artikels: li 168, 443, 468, 664, 724, 754, 988; der Conjunction: que 39, 937, 1286 (L 1334, *l.* Qu'altre); des Relativum: que 301, 392, 411 (*l. m.* L: le feu sur lui...) 786, 857; des Pronomens en *in*: kin 1021; des Personalpronomen le *in* eissil 542, quil 1153.

b) In Fällen, wo die Elision und Inklination eine nothwendige ist, durch Ersatz eines der sie bedingenden oder ihnen unterworfenen Wörter durch ein anderes Wort oder durch Einschub eines dritten, einsilbigen und selbst der Elison wieder unterworfenen Wortes: soi *st.* s' 885; nen *st.* n' 365, 1366, 1569 (*l.* la veue *st.* laive *m.* L) deci *st.* desqu' 996, 1160; sor le *st.* el, al (rivage) 302, 517: de lor *st.* des 1612: a ses *st.* as 280; si lor *st.* sis 305:

Eingeschoben: der Artikel l' *nach* d' 950, 1102; die Präposition d' *nach* n' (=ne) 1659.

2. Einsetzung eines verstummten tonlosen e in Silbenwerth(?): 535, 635, 795, 815, 1413, 1595.

3. Ersatz:

a) des Artikels: mult grant *st.* la 238, — *st.* les 1159; cele 1178, une 1504 *st.* la; roges *st.* les 1081; itel *st.* un (qui) 59.

b) von Substantiven: arbres *st.* bois 1649. complaintes *st.* plaintes 1189; enfermetet *st.* enfertet 367; entree *st.* entrer (*subst. Inf.*) 1625; espees *st.* espiz 893; quarantaine *st.* quinzeine 1259.

c) von Adjectiven: dueraine *st.* dereine 900; pieres eslites *st.* disselites 1599; forte *st.* fort 575; grande *st* grant 1697.

d) von Pronominibus: faire *st.* tu 465; icil *st.* il 532; une *st.* sa 1094 (*l.* tost *nach* mult, *s.* L); icist *st.* cist 281; icil 948, 986 onques 928 *st.* cil; icile *st* cele 1685; sor qui *st.* u 417; nului *st.* nuls 60; negune *st.* nule 1488; trestot *st.* tuit 386, 520, 659, 991; cunrei 550, mult tost 569 *st.* tut; cele *st.* tel 843.

e) von Verben:

α) Längere Formen an Stelle synonymer kürzeren: estoit *st.* ert 849, 1139, 1494; estoient *st.* erent 334; feres *st.* frez 832; flamboiantes *st.* flamuntes 962; peüsse *st.* pousse 1493; reüsast *st.* rosast 1228.

β) Composita *st.* Simplicia: aconduite *st.* cunduite 1112; ajostees *st.* justedes 886; conjoirent goirent 805; depart *st.* part 1573; detraire *st.* traire 1152; enmaine *st.* maine 384, 1462; enserree *st.* serree 1579; mespresistes *st.* presistes 703; remanres *st.* manres 814.

γ) Vertauschung der Numeri: poent *st.* poet 1699.

δ) Vertauschung von Temporibus: 1) Imperf. st. Praes. devoient *st.* deient 621; pooient *st.* poent 1698; veoient *st.* veient 620; 2) Perf. *st.* Praes. corut *st.* curt 1093, socorut *st.* succurt 744, oït *st.* oit 1202; rendi *st.* rent 901; respondi *st.* respunt 1215, 1397; ariverent *st.* arivent

432; chanterent *st.* chantent 518; entrerent *st.* entrent 1646; esciverent *st.* escivent 433; esmaierent *st.* esmaient; fermerent *st.* ferment 1130; fisent *st.* funt 395; fonderent *st.* fundent 845; furent *st.* sunt 896, 897; laissierent *st.* laissent 516; loerent *st.* loient 1583; oirent *st.* oient 1695; roverent *st.* rovent 1061; truverent *st.* truvent 196, 592, 748. 3) Perf. II *st.* Praes.: a pris *st.* prent 612. 4) Fut. *st.* Praes.: volra *st.* volt 94 (L 148 *l.* volt *st.* voleit). 5) Imperf. *st.* Perf.: devoit *st.* dut 475; avoit *st.* out 217, avoient *st.* ourent 185. 6) Perf. II *st.* Perf. I: a dit *st.* dist 614. 7) Imperf. *st.* Plqpf.(?) voloient *st* voldrent 553.

ε) Einführung anderer Wörter: cunroient *st.* creient 917; respondent *st.* dient 1423; asis *st.* mis 474; savoit *st.* ot 69; voient *st.* out (*es gab*) 438; avoit 440, vindrent 1729 *st.* sunt; troevent *st.* unt 848, 1527.

f) von Adverbien:

α) des Ortes: ici 668, 1279, 1475, brandans 118 *st.* ci; iluec 259, 787, malfe 1374 *st.* la; iloeques *st.* iluec 819; dedens *st.* en 387; enhaut *st.* haut 887; aval *st.* jus 1363.

β) der Zeit: ancois *st.* ainz 941; adont 235, 1236, adonc 993, mult tost 174 *st.* dunc; apres *st.* puis 1360; trestot *st.* tost 1247; onques *st.* unc 1596.

γ) der Weise: issi *st.* si 1700, *st.* tant 1082, *st.* bien 1359; come 28, 989, 1654, forment 1696 *st.* cum; itant *st.* tant 936; trestot' *st.* tut' 853, 1361; ades 253, forment 681, suvent 601, en mer 161 *st.* mult; de rien *st.* (ne) puint 932.

g) von Präpositionen: Le jor *st.* a 987 encontre *st.* cuntre 1641; trestot *st.* de 93; deci que *st.* desque 444, 1533; quel seul *st.* fors 102; avoec *st.* od 1362; parmi 335, 851, plein de 478 *st.* par; outre *st* sanz 755; desor *st.* sur 789, 803, 823, 833; desos *st.* suth 623; envers *st.* vers 1098; 1099.

h) von Conjunctionen: ancois *st.* ainz 1107; come *st.* cum 182, 1165; ot lui 645, a tant 949 *st.* e; apres que *st.* puis que 663; leure *st.* quant 1372; onques *st.* que (*nach* quelque) 929; trestot *st.* que 1083 (*wo* que *in* P *zu ergänzen ist*).

i) von mehreren Wörtern: E quil face *st.* pur eals ne seit 88; trestote *st.* od eals 855; de lui uprismer *st.* d'aprismer la 1202; ses freres *st.* tus les 1204; ne si orrible ne *st.* en tut enfern 1367; la salete *st.* l'espace 1574; qui ert *st.* quunt 1578; con fais il ere *st.* en feid veire 1591; i od e *st.* od les 1605; que revenus est *st.* de co quor unt 1736.

4) Ersatz und Zusatz: od moi meinge *st.* enmeinge 85; nus ne sen *st.* puis men 86; nule faille *st.* defaile (*im negativen Satze*) 183; nule faute *st.* defalte (*im negativen Satze*) nule rancune *st.* raencune (*im negativen Satze*) 366; si apresterent *st.* sen turnerent 275; qui tus estoit blans *st.* itant blanche 439; Les (revisdout) sanz nule peine *st* Cil . la

cumpeine 541; mult bien cuevrent *st.* purtusent 546; a bones listes *st.* damestistes 627; (Pur fols) e pur brius (se tindrent) *st.* . . forment tuit . . 767; de paskes *st.* paschur 794; cum ardant (buche) *st.* cume 861; passer . lor *st.* a cez 939; tot droit meine *st.* la enmeinet 1066; volent e *st.* od les 1080; tele not veu (en tut) l'(oire) *st.* tel nen out . . lur . 1145; qui fu nes *st.* li nez 1198; cest li depors de *st.* ci deportet 1260; me getent *st.* descen 1368; decique de la *st.* desque la que 1533; nest mie *st.* nen est 1625; bels gardins e grant *st.* Grandism' est la (L grandins . .) 1651.

5) **Auslassung** u. **Zusatz**: sanz nule paine *st.* e sanz paine 385; o bones jaspes *st.* e od jaspes 636.

6) **Auslassung und Ersatz**: lermites *st.* cist la 70 fontaines *st.* dous duiz 702; noire fumee *st.* finistre fum ert 1058.

Veränderung ganzer Verse begegnet 123 (L 178), 547 (L 598) 797 (L 846) 956 (L 1003), 957 (L 1004), 1048 (1095), 1095), 1049 (1096), 1250 (L 1298), 1428 (L 1476), 1444 (1492), 1505 (L 1586), 1630 (L 1712), 1744 (L 1828).

Verschiedenen Geschlechtes sind: männlich in P, weiblich in L: 764 (L 813), 765 (L 814); weiblich in P, männlich in L 1128 (L 1177), 1129 (L 1178) und fälschlich in P auch 13/14 (L 27/28).

Es fehlen in P die weiblichen Verse: 1, 2, 3, 4, 17, 18, 75, 76, 83, 84, 85, 86, 133, 134, 135, 136, 1250, 1501, 1502, 1507, 1508, 1548, 1555, 1556.

Somit ist anzunehmen, dass unser Gedicht ausnahmslos in achsilbig-männlichen und siebensilbig-weiblichen Versen abgefasst und erst nachträglich prinzipiell zu Achtsilblern erweitert worden ist. Wegen der Erklärung dieses Versmasses s. Vising S. 50.

In der Abwechslung der männlichen und weiblichen Verse ist kein bestimmtes Gesetz zu erkennen; beide sind nach Belieben des Dichters mit einander gemischt, jedoch so, dass die männlichen Verse die weiblichen numerisch weit überwiegen.

Die Kürze des Verses bedingt die kurze und gedrungene Diction, die unserm Dichter eigenthümlich ist; sie veranlasste ihn zur häufigen Anwendung asyndetischer Satz- und Wortbindungen, beengte in manchen Fällen sogar den Satzbau und nöthigte den Dichter zu Ellipsen und Enjambements.

Vgl. 1193, 1536; 177/78 (l. *qu'esculante* st. *que sculance* und *curante* st. *curance*); 312/13, 336/37, 1261/62, 1265/66, 1519/20.

Die Cäsur.

Schon in L sind die Verse in überwiegender Mehrzahl hemistichisch gebaut, und zwar fällt die Cäsur sowohl in männlichen wie weiblichen Versen nach der vierten betonten oder unbetonten Silbe. Schwache Cäsur begegnet in 112, 420 (P gewöhnliche Cäsur), 576, 800 (P lyrische Cäsur), 837 (P lyrische Cäsur), 1299 (P gewöhnliche Cäsur), 1754 (P lyrische Cäsur) und wird auch anzunehmen sein in 332 (vgl. P), 801 (vgl. oben Versberichtigung S. 11), 1027, 1086 (vgl. P), 1653 (vgl. P), während diese nur scheinbar vorliegt in 930 (l. *laltre qui v(e)ient a r[a]ge braist* n. P).

Zu den Versen mit unrichtiger Silbenzahl vgl. oben die Versberichtigung[1].

Keine Cäsur haben nur und zwar:
1) in L allein: 354 Qu'en la nef recut li peres (P Que en sa . . . .)
2) in L, P: 26 Que plus demander ne saurat (O gewöhnliche Cäsur).
3) in L, P, O: 23 Bien sout que l'escripture dit.

Auf Grund dieser drei Ausnahmen nun in den übrigen Fällen die Cäsur als zufällig zu betrachten, muss schon wegen der verhältnissmässig grossen Anzahl derselben von vorn herein bedenklich erscheinen. Entschieden verbietet es aber die Beobachtung, dass unser Dichter bei dem auslautenden tonlosen *e* mehrsilbiger Wörter vor vokalischem Anlaut nach der vierten Silbe den Hiat vielfach zugelassen, im Übrigen aber gemieden hat s. S. 20. Vielmehr dürfen wir uns für berechtigt halten, diese wenigen Ausnahmen den Copisten zuzuschreiben und für unsern Text sogar einen vom Dichter streng durchgeführte Cäsur anzunehmen, was um so weniger bedenklich sein kann, als sich alle drei Fälle durchaus ohne Schwierigkeit beseitigen

---

[1] Die Änderung Visings von arabie (P arabe) 682 zu arage (terre laborable s. Godefroy) ist durchaus unnöthig und offenbar unpassend vgl. or d'Arabe Roland 185, 652.

lassen. So würde sich in V. 23 die gewöhnliche Cäsur herstellen lassen, wenn wir lesen: *Lescripture bien sout que dit*, wodurch allerdings eine etwas ungewöhnliche Wortstellung eingeführt wird, die aber gerade, weil sie ungewöhnlich ist, die Copisten von L, P, O selbständig zu der gleichen nachträglichen Umstellung veranlasst haben kann und in unserem Texte übrigens auch nicht ohne Analogien ist (vgl. 471, 613, 1396, 1452). Ähnlich verhält es sich bei 26, wo wir sogar auf O gestützt, lesen können: *Que demander plus ne saurat*; während endlich V. 354 sich lesen lässt: *Que recut en la nef li peres* (wegen der Trennung der Präposition *en* von seinem Substantivum durch die Cäesur s. weiter unten andere analoge Belege).

Die Cäsur ist aber nicht immer scharf markirt; syntaktisch eng zusammengehöhrende Wörter werden nicht selten durch sie von einander getrennt. So fällt die Cäsur:

1) **zwischen Artikel und Substantivum nach dem best.** Artikel in: 133, 397, 398, 948, 1060, 1353 (*vgl.* P) 1447 (*vgl.* P), 1687, 1733, 1736.

2) **zwischen Adjectivum und Substantivum**: 485, 570, 652, 890, 904, 1038, 1058, 1462, 1533, 1757, 1791.

3) **zwischen Pronomen possessivum und Substantivum:** 174, 694, 763, 952, 1102, 1267, 1271, 1420.

4) **zwischen pronominales Objekt und Verbum:** 223, 1422.

5) **nach dem Relativum:** 222, 650, 709 (*vgl.* P) 1694.

6) **zwischen Adverbium und Verbum:** 1114, 1220, 1295, 1368, 1460.

7) **zwischen Negation und Verbum:** 155, 844 (*vgl.* Rim. erent *Anmerkung*) 1386.

8) **zwischen zwei Adverbien:** 476 (*vgl.* oben *Versberichtigung*, S. 10) 934.

9) **nach Präpositionen:** 668, 723, 921, 990, 1160 (*vgl.* P), 1188, 1194, 1199, 1300, 1311, 1334, 1428, 1435, 1578, 1716, 1728.

10) **nach Conjunctionen:** 352, 446, 549, 903, 1270, 1396, 1446, 1610, 1731.

Hiat, Elision, Aphaerese, Inklination, Contraction.

I. Im Wortinnern: Wo zwei ursprünglich verschiedenen Silben angehöhrende und nicht etwa von Anfang an zu einem ächten Diphtongen vereinigte Vokale im Innern eines Wortes zusammentreffen, finden wir im Allgemeinen den Hiat. Auch das Wörtchen *nient* (vgl. hierzu Suchier, Reimpredigten XXII), welches zwar in unserm Texte überhaupt nur zweimal vorkommt, ist stets zweisilbig gebraucht: 1476, 1639.

Ausnahmen begegnen nur:

1) bei den flexionsbetonten Formen des Perfects und des Conjuntivs Imperfecti der das Perfectum auf *-ui* bildenden Verba: $\widehat{oustes}$ 1117 (*P neüstes mais mestier*..), $\widehat{ousum}$ 764 (*P .. que conroi oüsum*), $\widehat{oussent}$ 655 (*P eüs*), $\widehat{pouse}$ 1573 (*P peüsse*, wodurch der weibliche Vers achtsilbig wird), $\widehat{poust}$ 1652 (*P ne puent* ..., wodurch der weibliche Vers achtsilbig wird), $\widehat{doust}$ 1702 (*P Qn'estre deüst*...), $\widehat{sousum}$ 763 (*P ancois*. *nos vos seüson*; doch daneben vgl. *moüs* 774, *goüst* 1378. Contraction oder Hiat lässt sich annehmen in *uus* 1598.

2) bei tonlosem *e*, welches im Hiat wie auch in anderer Stellung seinen Silbenwerth einbüssen kann. Belege hierfür s. unter Phonetik, unbet *e*.

Die übrigen Fälle, wo etwa an Contraction zu denken wäre: *diables* 314, *viande* 583, *paruis* 1802 erscheinen zu isolirt, werden auch durch P nicht gestützt und daher zu beseitigen sein (zu 1802 vgl. S. 9 Anmerkung 4); vgl. ihnen gegenüber *paraïs* 49, 99, 544, 548, 1595, 1600, 1645, 1668, 1700, 1730, 1789, 1804, 1810, 1816. *diables* 1323, 1364, 1431, 1465 (vgl. oben Versberichtigung) 1479; *viande* 184, 239, 289, 742.

II. An der Wortgrenze wird nur und stets tonloses *e* mehrsilbiger Wörter elidirt, mit Ausnahme nach der vierten Silbe, hinter welcher, wie oben gezeigt wurde, eine Cäsur anzunehmen ist.

Nur an drei Stellen zeigt sich in L der Hiat ausserhalb der Cäsur: 124, 840, 925. Doch erwartet man im letzten Verse unzweifelhaft zwischen *out* und *dit* ein *co*, welches auch von P geboten wird, und in 124 liest O *de tos* st. *de eals*, sodass schliesslich nur ein Fall mit dem Hiat übrig zu bleiben scheint. Dass P auch hier den Hiat nicht zeigt, kann nicht ohne Weiteres

Anlass auch zu dessen Beseitigung geben, da in P der Hiat prinzipiell, auch vor der Cäsur, wo wir ihn wegen der zahlreichen Belege aus L unmöglich dem Dichter absprechen können, aufgehoben ist. Gegenüber den vielen Stellen indess, wo das *e* elidirt wird, glaube ich berechtigt zu sein diese einzige Ausnahme auf Rechnung des Copisten zu setzen und gestützt auf P zu lesen *E lur feste [mult] bele i funt*.

Hiat vor der Cäsur begegnet[1]) nach Vocalen: 689, 1275, 1403, 1638, 1667, 1727; nach einfacher Consonanz: 64 (O unvollständig), 420, 829, 1158, 1195, 1221, 1280, 1443, 1754; nach complicirter Consonanz, zunächst Doppelconsonanz (*rr*): 469, 786, 824, 969, nach Muta c. Liquida: 31 (O unvollst.), 1306, 1716 (vgl. unten Verstummung v. nacht. *e*), nach anderweitiger complic. Cons.: 449, 1064, 1313, 1548, 1686.

Wegen der dritten Person Singularis Praesentis auf -*et (e)* s. Verbalflexion.

Von einsilbigen Wörtern erleiden vor nachfolgendem vokalischem Anlaut stets die Elision des auslautenden Vokals: *me, te, se le, la, de, ne=non*.

Graphisch ist oft die Elision nicht ausgeführt; vgl. *se* 305, 1022; *le* 34, 140, 338, 660, 692 u. s. w.; *de* 47, 263, 274, 291, 315, 399 u. s. w. *ne* 1432, 1483.

Nur scheinbar steht im Hiat: *te* 1593 (vgl. P), *de* 270 (vgl. P), 1756 (s. oben Versberichtigung, S. 10).

nen st. *ne* kommt vor 70 (O unvollst.), 242 (vgl. PO), 365 (P—), 539 (P—), 682 (P—), 1194 (P—), 1250 (P f.), 1297, 1383 (P—), 1708 (P—), 1812 (P—).

Fakultativ ist die Elision bei dem Artikel Nom. Sgl. *li*, dem Relativpronomen *qui* (richtiger der dieses vertretenden Obl. Form *que*), *que* in jeder Bedeutung und *ne=neque*. Auch hier ist die Elision oft nur graphisch nicht ausgeführt[2]). Vgl. *l'* 8*, (P f.), 39, 123* (P. f.), 140*, 197 (P—), 203, 211*, 223*, 295*,

---

1) vgl. S. 18.
2) Im Nachfolgenden bezeichnet durch *

299* u. s. w. zusammen 52 mal; dagegen nur *li* in 137 (P. f.), 353 (l. *li* vor *un*, vgl. P), 457, 501 (P:l'), 781, 1094 (l. *li abes* st. *labes* m. P), 1201, 1537, 1653 (vgl. P). *Qu'=qui* 1832 (P... *la...*), während in V. 40 *home* in *hom* geändert und in 726 Aphärese bei *uncure* angenommen werden kann; sonst begegnet *qui(que)* 38 (P-), 42 P. f.); wegen V. 6 vgl. S. 11 Anm.; wegen 40 s. Nominalflexion, Deklination von *homo*. *Qu'* (Relativum) 83 (P O f.), 96* (O. unvollst.), 102 (P—), 136 (P. f.), 182, 196 u. s. w. zusammen 24 mal; *Qu'* (Conjunction) 53 (P—, O. f.), 61, 74 (P. f. O unvollst.), 278, 363*, 474 (P−), 518* (P−) u. s. w. zusammen 42 mal; dagegen *que* (Relativ.) 108 (vgl. O), 345 (l. *que* st. *qui*), 374 (P. f.), 436 (P—), 814, 915 (l. *que* st. *qui*), 1302 (P—), 1826; *que* (Conjunction) 124 (P. f.), 183, 372, 872, 976 (P—), 1116 (P—), 1448 (l. *que* st. *quel*), 1831 n' 70* (O unvollst.), 758*, 1240* (2 mal, P—), 1254*, 1330*, 1741 (P—), 1756 (P—). Dagegen *ne* 234, 740, 1496, 1671, 1713, 1784.

Selten und nur im Hiat begegnen *jo* 432, 1537, *se=* wenn 411 (s. P) und *si=* so 907 (P−), 1367, 1608 (P−).

Das Pronomen *li* (Dativ) büsst seinen Vokal nur vor *en* ein; vgl. 115 (P—), 311 (P—), 318 (P—), 414 (P—), 1096 (P—), weshalb wohl Aphärese des anlautenden *e* von *en* anzunehmen sein wird. Diese begegnet ferner bei *en* in *quin* 1068 (P *qui en*), während *quin* 1273 in *qu'om* zu ändern ist. Aphärese bei *est* fehlt, der Hiat findet sich in *qui est* 51, 1360, 1586, 1628, *u est* 505. Wohl aber begegnet die Aphärese bei *ester* nach vorhergehendem *ci* 859 (P...*esteres*..) und kann auch wohl angenommen werden bei *encore* in *Icest mustier que uncore i est* 726; vgl. Stengel, Wörterbuch 124, ferner *ki (u)ncore en avrat hunte Roland* 382 und die Schreibweise *kincore Horn* 1469 (C). Groeber nimmt zwar Ztschr. VI, 473 an dieser Aphärese Anstoss.

Inklinirt sind nur die Pronomina *me, le, les* in *nem* 1299*, 1710*. *tul* 14, *nel* 128, 435, 649, 696, 746, 1228, 1472, 1582, 1760, 1782, *nes=ne les* 1326, *eissil* 593, *quil* 1202* (P *qui le*), *quis = qui les* 212, *quel* 1258, *ques = que les* 115, *sis = si les* 195, 358, 1340, 1779; doch daneben vgl. *ne me* 1455, *si me* 1268, *qui les* 784. Nur ohne Inklination erscheinen *te* und *se*, vgl. *jo te* 1268, *qui se* 135, 376, *si se* 1226 (P—).

II. Die Reime.

Die Reime unseres Gedichtes hat bereits Freymond einer eingehenden Untersuchung unterzogen und in seinem Aufsatze »Ueber die reichen Reime bei altfranzösischen Dichtern«, Ztschr. VI. in einer ib. S. 22 ff. aufgestellten Tabelle unter Nr. 97 nach 10 ib. S. 20 näher auseinandergesetzten Gesichtspunkten in relativen Zahlen (pro Cent.) veranschaulicht. Seine Resultate. stimmen im Wesentlichen mit meinen Ergebnissen überein [1]).

Eine besondere Betrachtung verdienen hier nur noch die leoninischen Reime, welche insofern für uns von Wichtigkeit sind, als sie uns allein ein sicheres Mittel an die Hand geben können, uns auch über die vortonigen Silben in der Sprache unseres Dichters Aufschluss zu verschaffen. Jedoch bedarf es, da nicht in ihrem Auftreten sich schon ein bestimmtes Gesetz zu erkennen giebt, des Nachweises, dass wir diese Reime wirklich als vom Dichter beabsichtigte anzusehen haben, um so mehr, als nach Freymond S. 114 sonst in anglonormannischen Denkmälern überhaupt und in den continentalfranzösischen Texten wenigstens in der ersten Hälfte des zwölften Jahrhunderts das Vorkommen reicher Reime nur auf Zufall beruhen soll. Suchier hält sie, indem er in der Einleitung zu seiner Ausgabe der Reimpredigten aus ihnen lautliche Folgerungen zieht, stillschweigend für be-

---

1) Nach meiner Berechnung fallen unter III nur 5,5%, dagegen unter IV 15,5%; ferner unter A nur 1%, unter B 1,5%, dagegen unter D 23,5%.

absichtigt, während Freymond eine sichere Entscheidung dieser Frage S. 180 für unmöglich hält.

Schon Freymond hat mit Recht darauf hingewiesen, dass unser Gedicht die Bearbeitung einer lateinischen Legende, der *navigatio sancti Brandani* ist, dass also unser Dichter des Lateinischen kundig gewesen sein muss und daher sehr wohl die aus der lateinischen Reimpoesie ihm bekannt gewordenen *versus leonini* auf sein Gedicht übertragen haben kann. Entscheidend aber für die Auffassung, dass der Dichter die Reime beabsichtigt hat, scheinen mir zu sein:

1) die verhältnissmässig grosse Zahl derselben,
2) deren Gruppierung.

Unter den 917 Verspaaren des Londoner Textes finden sich im Ganzen 161 mit leoninischem Reime, sofern wir darunter diejenigen Reime verstehen, in denen sich der Gleichklang mindestens noch über den der Tonsilbe vorangehenden Vokal erstreckt. Von ihnen sind jedoch nur scheinbar leoninisch die Reime: 285/86, wo *musters* 285 sinnlos und wohl nur als eine durch das gleiche Wort des folgenden Versausganges veranlasste Verschreibung für *mesters* st. *mestiers* ist, 553/54, wo *devolat* (L *devolat*) wohl durch *devolat* zu ersetzen ist (vgl. 508, 882) 801/02 (vgl. oben Versberichtigung S. 11), 1461/62 (vgl. Phonetik, Verstummung von tonlosem *e*). Dagegen bedarf nicht der Reim 139/40, wie Groeber, Ztschr. III, 133 meint, der Änderung von *aveiat* in *enseignat*, vgl. hierzu wegen der Bedeutung von *aveier=enseignier*, Godefroy: *Dictionnaire de la langue française*. Über *alelet* 807 s. Anmerkung zur Reimsilbe *et*.

Während daher diese 4 Reime in Abzug zu bringen sind, kommen andererseits hinzu:

1) Reime, in welchen die leoninische Eigenschaft in Folge der vorzunehmenden metrischen Berichtigung hergestellt wird, wie 143/44 (l. *alement* st. *alment* m. PO) 739/40 (l. *enfertet* st. *enfermetet* m. P) 887/88 (l. *la* vor *lur* m. P) 1165/66 (l. *alumee* st. *alumine* und *fumee* st. *fume* m. P).

2) Reime, in welchen diese Eigenschaft durch geringe orthographische Änderungen in der Londoner Handschrift verwischt und leicht herzustellen ist.

Hierher gehören: 11/12 (*l.* rumanz *st.* romanz); 199/200 (*l.* sathan *st.* satnn *oder* datan *st.* dathan); 201/02 (*l.* tentez *st.* temptez m. P); 359/60 (*l.* seiez *st.* seet); 365/66 (*l.* esinaiaz *st.* esinaez); 427/28 (*vgl.* Faulde »Ueber Gemination im Altfranzoesischen, Ztschr. IV, 555)«; 471/72 (*l.* greignurs *st.* greinurs, *vgl.* 1579/80), 745/46 (*l.* truvum *st.* trovum), 827/28 (*l.* traveiliez *st.* travailiez), 863/64 (demurrai *st.* demurai), 931/32 (*l.* guarrierre : arriere *st.* guarrere : airere); 971/72 (*l.* anuius *st.* annuus); 1151/52 (*l.* arbaleste *st.* arbeleste m P); 1199/1200 (*l.* preez = praedatus *st.* preiez); 1305/06 (*l.* sejurn *st.* sujurn), 1425/26 (*l.* dulurs *st.* dolurs); 1477/78 (*l.* anuit *st.* annuit); 1563/64 (*l.* pleniers *st.* pleiners); 1763/64 (*l.* volentet *st.* voluntet m. P). *Endlich darf auch wohl noch zugerechnet werden* 1281/82 (hai = trahi).

Somit ergiebt sich als Gesammtzahl der leoninischen Reime 161 − 4 + 24 = 181 oder rund 20%. Dieser Prozentsatz wird aber noch bedeutend erhöht, wenn wir uns in der Auffassung der leoninischen Reime auf den mittelalterlichen Standpunkt stellen und mit den *leys d'amors* als leoninisch diejenigen Reime betrachten, deren Gleichklang sich allgemein über zwei Reimsilben erstreckt. In diesem Falle müssen noch alle weiblichen Reime, welche nicht schon in der oben ermittelten Zahl mit verrechnet sind, zugezählt werden, im Ganzen 282, sodass wir demnach als Gesammtsumme der leoninischen Reime 463 oder mehr als 50% erhalten.

Diese Reime begegnen, um jetzt zu ihrer Anordnung überzugehen, zunächst in dem engeren modernen Sinne: 102 mal einzeln, 25 mal zu je 2, 5 mal zu je 3, 1 mal zu 4, 2 mal zu 5 Paaren verbunden; in dem weiteren, mittelalterlichen Sinne 96 mal vereinzelt, 60 mal zu je 2, 16 mal zu je 3, 16 mal zu je 4, 9 mal zu je 5, 4 mal zu je 6, 1 mal zu 7, 2 mal zu je 8, 1 mal zu 9, 1 mal zu 10, 1 mal zu 11, 1 mal zu 13 Paaren verbunden. Interessant und überzeugend sind besonders die Stellen, wo solche Gruppen selbst wieder sehr nahe auf einander folgen, in manchen Fällen nur durch einen einzigen nicht leoninischen Reim getrennt sind. So haben wir z. B. im engeren

Sinne von 737—56 8 leoninische Reimpaare, die nur durch 747/48, 749/50 in 2 Gruppen von 5 und 3 Paaren zerlegt werden. Von 1267 ab folgen bis 1287 7 Paare, die nur durch 1275/76 in Gruppen von 4 und 3 Paaren getrennt werden. Auffallender ist natürlich diese Erscheinung bei den leoninischen Reime im weiteren Sinne. So begegnen z. B. von 883 ab zunächst 5 Paare nach einander, es folgt ein einziger nicht leoninischer Reim, dem dann nochmals 5 leoninische Reimpaare sich anschliessen. Von 973 bis 990 lässt sich ein ähnliches Verhältniss wahrnehmen, wo je 4 Paare durch einen nicht leoninischen Reim geschieden sind. Von 1263 ab finden wir sogar bis 1312 eine Reihe von 24 Paaren, die nur durch einen einzigen gewöhnlichen Reim (1285/86) in zwei Theile von 11 und 13 Paaren zerlegt werden.

Auch von gebrochenen Reimen, welche, wie Freymond selbst anerkannt, fast immer etwas Gesuchtes haben und nur selten dem Zufall zuzuschreiben sind, begegnet unter den leoninischen Reimen eine hinreichende Zahl, um uns auch auf sie als eine dritte Stütze für unsere Auffassung berufen zu können:

Vgl. 317/18 alat:mal at; 675/76 les tistes :amestistes; 887/88 la lur: valur (*vgl. Versber.*) 1211/12 par mer: armer; 1221/22 venud: home nud; 1259/60 qui es:ci es; 1299/1800 rendi : en di; 1305/06 le jurn:sejurn; 1321/22 as tu:vas tu; 1335/36 de nus:penus; 1337/38 de dous:amedous; 1477/78 la nuit:annit.

Schliesslich erübrigt es mir noch, für die seltener vorkommenden Reimarten unseres Gedichtes hier die Belege nachzutragen.

Noch weiter als für den leoninischen Reim erforderlich ist, erstreckt sich der Gleichlaut in den folgenden Versen:

a) bis über den der vorletzen Silbe vorhergehenden Consonanten:

α) in den weiblichen Versen: 491/92, 585/86, 651/52, 707/08, 861/62, 899/900, 979/80, 1081/82, 1127/28, 1143/44, 1159/60, 1201/02, 1207/08, 1245/46, 1295/96, 1311/12, 1365/66.

β) in den männlichen Versen: 139/40, 201/02, 401/02, 739/40, 745/46, 829/30, 877/78, 1167/68, 1199/1200, 1433/34, 1459/60, 1681/82, 1685/86, 1733/34, 1737/38, 1763/64, 1823/24.

b) bis über mehr als zwei Silben:

α) in den weiblichen Versen: 103/04, 121/22, 327/28, 675/76, 751/52, 845/46, 851/52, 931/32, 947/48, 969/70, 1151/52, 1165/66, 1459/60.

β) in den männlichen Versen: 51/52, 59/60, 533/34, 955/56, 1215/16, 1777/78.

Von den reichen Reimen sind entstanden durch Bindungen von Wörtern mit gleichen Flexions- oder Formationselementen: 59/60, 113/14, 367/68, 425/26, 433/34, 743/44, 1215/16, 1531/32, 1559/60.

Solche, in denen die reich reimenden Wörter gleichen Stammes sind, und deren Bedeutungen nicht weit von einander liegen, begegnen in: Subst.: Subst. compos, 627/28, 831,32, Subst. comp.: Subst. comp. 1427/28; Subst.: Verb. comp. 51/52; 829/30, 877/78; Verb.: Verb. comp. 1253/54; Verb. comp.: Verb. comp. 1153/54.

Identisch sind 1015/16 (P *par mer* : *mult cler*), 1167/68, 1375/76 [1]).

Gleichen Stammes aber mit entfernt liegender Bedeutung sind: 139/40 *enveiat : aveiat* (belehrte), 301/02 *cunroi* (Speise): *desrei*, 587/88 *jurn : sujurn*; 1061/62 *partint* (bezog): *tint*; 1205/06 *descuvers : auvers*; 1625/26, 1637/38 *deduit* (Freude): *cunduit*; 1775/76 *apres* (nach): *pres* (nahe).

In allen übrigen Fällen, zusammen 216, gehören die reich reimenden Wörter verschiedenen Stämmen an; von ihnen sind gebrochene Reime ausser den schon oben unter den leoninischen Bindungen angegebenen: 369/70, 403/04, 497/98, 959/60, 979/80, 1073/74, 1091/92, 1157/58, 1335/36, 1393/94, 1757/58.

Folgereime begegnen nicht wie Vising S. 43 angiebt, nur drei-, sondern siebenmal, ausser den ebenda angegebenen Stellen noch 753—56 (-*vum*), 1279—82 (-*i*), 1367—70 (-*es*) und 843—46 (-*ierent*). Zu 1801/02 s. S. 9 Anm. 4.

---

1) Vising bezeichnet fälschlich auch 139/40, 301/02, 627/28, 829/30 als identische Reime.

Als Ungenauigkeiten sind endlich zu verzeichnen:

1) eine Bindung von *rs:s* in 1383/84 *durs:sus?* (L *surs* P *purs*) die aber auch sonst bei den besten Dichtern begegnet und daher auf eine schwache Aussprache des *r* schliessen lässt.

2) Bindungen eines mouillirten Lautes mit dem entsprechenden einfachen; so *lj:l* in 579/80 *soleil:fedeil*, 1757/58 *soleil:peil; nj:n* in 713/14 *meinet:enseignet*, 1525/26 *meinet: seignet*, 1113/14 *enmeinet:enseignet*, 1251/52 *seignet:peinet;* 235/36 *plein:desdaign* 235/36.

3) *st:ss?* in 223/24 *amonestet:cesset*. Vising hält S. 43 diesen letzteren Reim für unächt und glaubt entschieden mit P und der Yorker Handschrift in 224 lesen zu müssen *Que deus les guart de tempeste*. Wie dies aber zu dem vorhergehenden Hauptsatze: *Li abes dunc les (sc. freres) amonestet* passen soll, ist nicht einzusehen. Zu einer Emendation der Londoner Ueberlieferung ist gewiss in Anbetracht der grossen Sorgfalt, welche unser Dichter auf das Reimen verwandt hat, hinreichend Grund vorhanden, doch scheint es mir am geeignetsten zu sein *amonestet* 223 durch das ihm synonyme *apresset* zu ersetzen, welches auch 1001/02, allerdings nicht in gleicher Bedeutung, im Reime zu *cesset* erscheint. Wegen der Bedeutung von *apresser* vgl. Godefroy's *Dictionnaire*.

III. Die aus den Reimen und dem Metrum sich ergebende Sprache.

Um die Beweiskraft der Reime möglichst zu erhöhen, sowie andrerseits die eigentliche Untersuchung möglichst zu verkürzen und anschaulich zu machen, schicke ich zunächst ein Rimarium voraus, bei dessen Herstellung ich die von Prof. Stengel in seine Recension über die L. Constans'sche Arbeit: *La legende d'Oedipe* u. s. w. in der Ztschr. f. rom. Philol. VI, 465 auseinandergesetzte Methode zu Grunde gelegt habe. In alphabetischer Ordnung werde ich die in unserm Gedichte vorkommenden Reimsilben zusammenstellen, sie auf die ihnen zu Grunde liegenden lateinischen Endungen zurückführen und von letzteren jedesmal diejenigen, welche sich unmittelbar oder mittelbar durch die Reime für die Sprache unseres Dichters als identisch geworden nachweisen lassen[1]), zu Reimreihen vereinigen. Den lateinischen Endungen lasse ich sodann die Belege folgen, wobei ich in den Fällen, wo nur Wörter gleicher lateinischer Endung mit einander reimen mich auf Angabe ihrer Stellen beschränken werde.

Auf Grund des Rimariums verfolge ich sodann die verschiedenen möglichen Bindungen der einzelnen lateinischen Laute; zunächst der Vokale in ihrer alphabetischen Ordnung und sodann der Consonanten in der Reihenfolge: Dentalen, Labialen, Gutturalen, Liquiden und *s* und innerhalb dieser Gruppen der Media vor der Tenuis. Als Anordnungsprinzipien dienen hierbei:

1) die stattgefundenen Lautwandlungen derart, dass ich jedesmal diejenigen Fälle, wo ein lateinischer Laut unverändert geblieben ist, voranstelle und die übrigen nach Massgabe ihrer Entfernung von dem ursprünglichen Laute folgen lasse.

2) Die den Wandel bedingende Quantität und Stellung der fraglichen Laute.

3) Der Grad der Beweiskraft, derart, dass ich jedesmal die für den angebenen Wandel beweisendsten Bindungen zuerst und die indifferenten Reime (solche in denen ein lateinischer Laut nur mit sich selbst reimt) zuletzt anführe.

4) Die speziell nachfolgenden, bezw. vorhergehenden Laute, so weit diese als solche auf den Wandel nicht weiter von Einfluss gewesen und darum nicht schon in zweiter Linie zu

---

1) Lat. auslautendes *m*, welches bereits im Vulgärlatein geschwunden ist, lasse ich hierbei unberücksichtigt.

berücksichtigen sind, in der oben als Reihenfolge ihrer Behandlung angegebenen Ordnung.

Hieran schliesse ich sodann eine Flexionslehre, welche im Gegensatz zu dem aus dem Lateinischen einfach übernommenen und daher in die Lautlehre zu verweisenden Bestand im Wesentlichen nur das von den Lautgesetzen Ausgewichene, also die speciell französische Flexion zu behandeln und von jenem nur diejenigen Formen aufzunehmen hat, welche als regelmässige Gegenfälle zu diesen den Lautgesetzen sich entziehenden Formen in Betracht kommen.

Gegenüber den Reimen tritt natürlich das Metrum, welches uns nur über den Silbenwerth eines Vokals, nie aber über die Klangfarbe eines Lautes Aufschluss geben kann in den Hintergrund. Wo Reime hinreichend beweisen, betrachte ich metrisch gesicherte Belege daneben als überflüssig; im entgegengesetzten Falle aber, oder wenn man annehmen kann, dass der Reim die gerade in ihm vorliegende Form beeinflusst hat, gewährt uns das Metrum eine wichtige und willkommene Hülfe.

Rimarium.

1) für die betonten und die ihnen folgenden Silben.

a

-ac, la 423. -ade, va 424.

ables
-*abiles, *obl.* veables 341.
-ăbolus, diables 842.

ace
-ătiam, grace 989. -ătium, espace 990.

acet
-aciat, facet 986. -*aciat chacet 985.

age
-apiam, sage 1297.
-*aticum, *nom. sgl.* message 724; *obl.* marage 1298 (P. damage), tapinage 723 — 355/6, 567/68, 793/94, 1187/88, 1717/18. — *s.* avie.

ai
1) -ăbeo, *praes.* ai 1562; *fut.* resuscitrai 1561 — 433/34, 863/64.
2) -avi, acatai 1450, entrai 1549 (P f.).
-*avi, guardai 1449, truvai 1550 (P f.) — 1271/72. — *s.* ei.

aie (eie)
-adjutam, maneie 225.
-*aget, *conj.* esmaie 226.

aient
-*acunt, (*st.* -ahunt), traient 904 (P aient), 976.

-*agunt, esmaient 903, 975.

aign *s.* ein.

aigres
-*ăcrus, maigres 1023 (P maindres).
-*ăcrus, aigres 1024 (P graindres).

aile
-aleam, antaile 1677.
-alia vitaile 237.
-*aliam, travaile 1678.
-*alliam, defaile 238.

ailz *s.* alz.

aim
-ămem, faim 819. -āmo, reclaim 820.

ain
-ānem, pain 699. -*āni, vilain 163.
-ānum, *subst.* brandain (L brandan) 164, 657; *adj.* sain 700.
-ănum, main 658.

aindre
-andior, graindre 1250 (P f.).
-angere, plaindre 1249.

aindres (eindres)
-*andior+s, graindres 1004.
-*inor+s, meindres 1003.

aine (eine)
1) -āna, vaine 1568.

-ānam, semaine 134 (P f.), 591, 777, 1567.
-*ānam, funtaine 1585, quarenteine 133 (P f.), quinzeine 1307 (P quarantaine) — 947/48.
-aniam, cumpaine 592 (P paine), thephaine 778.
-ēna, adj. pleine 1586 (P saine).
-oena, peine 1308.
-ĭnat, maine 439.
-ĭno, demaine 1302.
-oenam, peine 440, 1301 — 393/94, 1611/12.

aines
-ānas, semaines 866.
-*ānas, funtaines 997, quinzeines 897.
-ēnas, subst. chaeines 865 (LP chaines), veines 898; adj. pleines 998.
— s. eines.

ains
-ānus, brandains (L brandans) 203.
-ănus, ogl. pl. mains 204.
aint s. eint.

aintes (eintes)
-anctas, plaintes 1238.
-inctas, empeintes 1237.

ainz
-anctus, sainz 847. -*antius, ainz 848.

air
-aerem, air 497, 1019, 1357, 1757.
-*arium, subst. clair¹) 498 (P esclair), 1758 (P esclair), esclair 1020.
-atrio, repair 1358.

aire
-ăcere, faire 174, 397, 613.
-*ăcere (st. ăhere), atraire 173, 614 (P traire), sustraire 398, traire 1210.

-*ăgire, braire 1202.

airent
-ăgrant, flairent 1735.
-ătriant, repairent 1736.

ais
-ācem, pais 280. -atium, palais 279.

aise
-*aceam, fornaise 908.
-*asat, enbraise 907 (altn. brasa).

aist
-ăcet, taist 376. -axit, traist 929.
-*axit, braist 930. -*ascit, paist 375.

aistre (eistre)
-*agistrum, meistre 525.
-*ascere, paistre 526.

ait
1) -ăbeat, ait 1512.
-ăcit, fait 667, 757.
-*ăcit (st. -ahit), trait 1150.
-actem, lait 1749.
-adit, vait 153, 758, 1149, 1511 (P f.) 1750.
-*eitum, debait 154, hait 668.
2) -actum, part. 1807/08.

aite
-actam, subst. suffraite 1762.
-*eitam, dehaite 1761.

al
-ālem festival 1093.
-ālem, sal 1340.
-ălum, mal 549, 1121, 1362, 1390.
-allum, subst. cristal 1094, val 1122, 1339, 1361, 1589. adv. aval 550.

als
-āles, jurnals 576.
-allos, gals 575. — s. eals.

---

1) vgl. Vising, Étude .. S. 69.

alt
-älit, salt 935. -alte, halt 936.

alte
-*allitam, defalte 248 (P faute), 1639.
-altam, *adj.* halte 247; 1640.

alz
-älidos, *subst.* calz 1174.
-*älios, travalz 1173 (L travailz).

ame (amme)
-amina, lame 1159.
-aminam, lamme 1143 (P lame).
-ammam, flamme (P flame) 1144, 1160.

ames (ammes)
1) -*amus (*st.* -*ávimus), 729/30.
2) -aminas, lammes (P lames) 1127, 1208.
-ammas, flammes (P flammes) 1128, 1207.

ample
ampla, ample 38.
-emplum, ensample 37.

an
-*anum, *nom.* brandan 479, 823.
-änum, *nom.* satan 199; *obl.* dathan 200.
-annum, an 379, 545, 824, 1313; pan 480.
-*annum, ahan 380, 546, 1314. *s.* ain.

ance
-*antia, demurance 122.
-*antiam, seurance 121 — 919/29, 951/52, 1179/80. — *s.* ante.

anche
-*ancam, *subst.* branche 850; *adj.* blanche 849.

ande
-*anda, grande 899, 1419.
-*andam, *subst.* brande 900, irlande 1813, viande 239, 289, 583; *adj.* grande 240, 290, 584, 1814.

-andat, espande 1420.

andent
-andant, cumandent 572.
-andunt, espandent 571.

andes
-*andas, *subst. obl.* landes 390; *adj. nom.* grandes 389.

ans *s.* ains.

ant
-andem, grant 364, 1117 (P siglant).
-*andem, *nom. fem.* grant 1769.
-*andi, grant 633.
-andit, espant 1170.
-ando, cumant, 1473.
-*andum, cumant 372, declinant 555, trenchant 1714.
-ánte, avant 1029, 1787, 1792, devant 634, 1453, 1487, 1517.
-antem, *subst. nom.* adamant 1713; *obl.* guarant 1118, 1454, 1474, 1488. *part. nom.* savant 1518.
-*anti, *subst.* servant 371; *part.* perdant 540, querant 363, savant 1030, 1788 — 189/90, 255/56, 621/22.
-antum, cant 556, tant 539, 1791.

ante
1) -*anta, *part.* 177/78 (L sculance: curance, P flotante 178, O curant 178 vgl. S. 8 *Anm.* 3) — 1105/06.
2) -*aginta, 1589/90, 1591/92.

anz
1) -andes, granz 1053.
annos, anz 1378, 1617.
-*antem+s, *subst.* guaranz 1054, servanz 1618.
-antes, sufflanz 1378.
2) -*andus, cumanz 12 (P f.).
-ánice, romanz 11 (P f.).

aps *s.* as.
arbre
-arborem, arbre 274, 489.
-armorem, marbre 273, 490.

ard *s.* art.
ardent
ardent, ardent 1706.
-*artant, guardent 1705.

arge
-*ardicat, targe 619. -*arica, barge 620.

argent
-*ardicant, targent 1744.
-*arricant, chargent 1743.

arget
-ardicat, target 135.
-arricat, charget 136 (P f.).

art
-arde, atart 653, 981.
ardet, art 1138, 1157, 1342, 1394.
-ardum, *adj. masc.* tart 384 (vgl. P)
neutr. atart 1393, tart 1075, 1480.
-*ardum, reguard 1137, veilard 654.
-aritum, asart 1158.
-artem, part 383, 982, 1076, 1479.
-artit, depart 1341.

as
1) -abes, *fut.* fras 1040 — 425/26, 1793/94, 1797/98.
-asse, bas 521, 1039.
-assum, las 522.
2) -appos, 461/62 (L raps, P cras *st.* ras = schwed. rappa, engl. rap).

ase
-*asat, abrase 1683 (P enbrase) [altn. brasa].
-asum, grisopase 1684 (P creopase).

aspes
-*aspas, *nom.* haspes (*dtsch.* Haspen, *engl.* hasp) 686 (P. chapes).
-aspes, jaspes 685.

asse
-assa, lasse 1264. -assum, basse 1263.

asset
-*assat, 1155/56.

ast
-asset, alast 612 (L alat), aportast 1569, mustrast 992.
-astum, repast 1570 (L past).
-*astum, *nom.* past 991; *obl.* mast 611.

at
-abet, *praes.* at 318; *fut.* irat 141 (P f.) — 25/26, 1759/60.
-avit, alat 317, asinat 1050, aspirat 142 (P f.), destinat 1382, ruvat 1824, urat 925 — 507/08, 523/24, 553/54, 589/90, 881/82.
-*avit, blasmat 1049, demurat 926, finat 1831, truvat 1823 — 139/40, 949/50 (P detire: descire). — s. sat. *Wegen* 1801/02 *s. S.* 9 *Anm.* 4.

ate
-atum, pilate 1283.
-*attam, mate (*it.* matto) 1284.

atre
-atrium, atre 718, rattupr, quatre 717.

avie
-*adium, *nom.* glaive 1707.
-*apium, *nom. adj.* savie 1708. *s.* age.

eals
-ellos; *subst.* oisals 499 (L oiseus), 578; *adj.* beals (L b., eus).

-ellus, beals 1628.
-*ellus, juvenceals 1729.
-illos, eals 577, 1627, 1730.

ec
-*eckum, werec (v. l. wreckum) 1571.
-iocum, sec 1572.

ece
-ictiam, destrece 1186.
-itiam, nublece 1185.

ede (ethe, ee)
-ata, destinee 798 — 711/12.
-*ata, eschipede 252 — 1661/62.
-atam, *subst.* entree 797, entrethe 251, fumee 1166; (L fume); *part.* alumee 1165 (L alumine). — 837/38.

edes
-*atas, *subst. obl.* taceledes 492; *adj. fem.* ledes 491.

e[d]re
-atem, pere 1820. -atri, frere 1819. *s.* ere.

e[d]res
-ater+s, peres 146, 155, 354.

-atres, freres 145, 156, 333, 353.
-atro+s, leres 334. — s. ieres.

ef
-ăbem, tref 857, 967, 1077.
-āve, suef 487, 512, 1551 (P f.).
-āvem, nef 263, 488, 511, 968, 1078.
-*āvem, *nom.* nef 858, 1552 (P f.).
-*āwum, blef 264 (ahd. blao, blaw).

efs s. eis.

ei (ai, eid)
-ē, mei 460, sei 115, 297, 1089; tei 6 (P f.) 1601 — 1523/24.
-*edium, cunrei 331, 459, 582, 787 (L cunreid) — 301/02.
-ēgem, lei 69 (f. O), rei 5.
-ētum, secrei 1090.
-īdem, fei 70, 298 (L fai), 116, feid 806.
-ītim, sei 332, 1602, seid 805.
-*ītim, *nom,* seid 788.
-*īum, avei 581 (P anoi).

ei[d]re (vgl. eire)
-ēdere, creire 148 [1]) (P traire), mescreire 243, 979.

īter, eire 147, 244, 980.

---

[1]) Der Vers 148 ist nicht ganz klar. Darf man übersetzen: wie er (Brandan) ihn (den Weg) [als einen] zu Gott [gerichteten] erachten wollte? Oder sollte *creire* für *faire*, oder, was paläographisch leichter erklärlich wäre, für *traire* stehen, weches auch von P geboten wird? Ein *traire eire* lässt sich zwar aus unserem Texte nicht anderweitig belegen, wohl aber begegnet *faire eire* 245, 1627 und ähnlich *faire curs* 613. Gegen eine solche Emendation erhebt sich freilich das Bedenken, dass sonst bei unserm Dichter *ai* und *ei* vor oralen Consonanten im Reime streng geschieden sind. Auch der ungefähr in dieselbe Entstehungszeit wie unser Gedicht fallende Computus des Philippe de Thaün zeigt keinen analogen Reim, doch hat dieser auch keine Bindungen von *ai* und *ei* vor Nasalen, welche in unserm Texte mehrfach begegnen, vgl. Mall's Ausg. S. 59. Etwa 40 Jahre später bindet, aber der Dichter Adgar gerade in der Endung *aire ai* bereits mit offnem *e* (vgl. W. Rolfs, die Adgarlegenden Rom. Forschungen I, 209), was in der etwa noch 10 Jahre später entstandenen Chronique des Fantosme dann ganz gewöhnlich ist.

eie
-ēbam, 1265/66 (L servie: traie).
Im Uebrigen s. aie und īe.

eient
-ēbant, soleient 1613. — 1459/60.
-ēbent, deient 670 (P devoient) 1614.
-ēdunt, creient 964 (P convoient).
-īdent, veient 669 (P revoient), 963.
Wegen celebreient 843 s. ferent.

eies
-ebeas, deies 516.
-*edias, agreies 1492 (P joies).
-īas, veies 1491.
-*īas, seies 515.

eign s. ein. eigne s. igne.
eignet s. einet. eignent s. einent.

eil (eilj)
1) -ēlem, fedeil 580.
-*ēli, fedeil 210.
-ēlum, veil 209, 1530.
-*īoulum, nom soleil 1755; obl. soleil 579.
-īlum, peil 1529, 1756.
2) -*ioulum, apareil 106.
-īlium, conseil 105,

eille (eile)
-īlia, merveille 419. -*īcula, oeile 420.

ein (eigne)
-ēnum, plein 235.
-ignum, desdaign 236. — s. in.

eindres s. aindres. eines. aine.

einet (ainet, eignet, enet)
-ignat, enseignet, 714, 1114, 1526, seignet 1251 (P paine).
-īnat, enmeinet 1113, meinet 713, 1525 (L menet).
-oenat, painet 1252 (P sajne).

einent
-īnant, meinent 1334.
-oenant, peinent 1333.

einent (eignent)
-ingunt, feignent 215, 1099.
-oenant, peinent 216 (P paignent), 1100.

eines (aines)
-īnas, demaines 1319.
-oenas, peines 1320.

einge s. enge. eingent s. engent.

eint (aint)
1) -ignet, enseint 129 (P f.).
-īnet, enmeint 130 (P f.)
2) inguit, esteint 759 (P esprant).
-oenet, paint 760. — s. issent, ouent.

eintes s. aintes.

eir
-ēre, subst. sedeir 1429, vedeir 1769; inf. aveir 528, 1434, pareir 382, sedeir 1770 — 55/56 (O f. 55, seier 56) 61/62.
-*ēre, subst. saveir 527, 1433.
-*ērem, espeir 381 (spēres bei Ennius).
-ērum, seir 1430 — 1463/64.

eire (erie).
1) īgra, neire 1193.
īter, eire 1194. s. ei[d]re.
2) -ēram, veire 1673.
-ēriam, materie 1674.

eirs
-ēres, eirs 27 (P oires).
-ēras, veirs 28 (P voires).

eis
1) -ēges, reis 19.

-ênses, ireis 20, meis 605, 994.
-ēnsum peis 606, suspeis 993.
2) -ex, reis 562, 1676.
-ipsum anceis 561 (L aceis).
-īveos, neis 1675 (L neis). — s. is.

eistre s. aistre.

eit

1) -ēbat, muveit 455, 916 — 313/14, 323/24, 1083/84, 1145/46, 1225/26.
-*ēbat, estuveit 916, fuieit 456 (L luigneit).
2) -ēbet, deit 150, 504.
-ectum, dreit 1720.
-ēdit, concreit 148 (P chargoit).
*īat, seit 503, 872, 1588.
-ībit, beit 1587.
-īdet, purveit 196, veit 871.
-īpit, receit 195, 1719.

eits s. eiz.

eivre

ībere, beivre 357 (L beuire), 603, 1409, 1422.
-īpere, receivre 358, 604.
-*ōpreum (st. -ūprum), queivre 1410, 1421 (L quivre).

eiz (ez, eits)

1) -ectus, drez 170.
-īces, feiz (P f.) 7.
-ictus, benedeiz 8 (L benediz, O beneiz, P f.) estreits 169.
2) -īcem, peiz 1371.
-īdes, veiz 1372.

ēl

1) -ālem, tel 960.

*alium, el 959.
2) *ilem, sel 1403.
-ālum, pel 1404 ¹).

èl

1) -*ellum, subst. castel 267, juvencel 1715 — 1457/58; adj. nom. bel 268.
-*elle, bel 1716.
2) -elli, subst. oisel 517; adj. bel 518.
— s. iel.

èle

-ella, subst. vaisele 291, adj. bele 292.

èls

-îles, tels 1046.
-*ales (st. ēles), çruels 1045.

emble (emblet)

-īmul, ensemble 312 ²) (L ensemblet).
involat, emble 311 (L emblet).

ement s. iement.

en

inde, en 1092 (s. ent).
-*innum, sen 1091. — s. ien.

endre

-endere, inf. 233/34, 1111/12, 1783/84.

enet s. einet.

enge (einge)

-*endeam, prenge 120 (P praigne).
-*īneam, meinge 199 (P maigne).

engent (eingent)

1) -emniunt, calengent 1471.
-*endeant, prengent 1472 (P pregnent).
2) -ēneant, teingent 1610 (P tiegnent).
-ēniant, veingent 1609 (P viegnent).

---

1) Vising interpretirt S. 68 unrichtig *pel = pellis*.
2) Vising fasst S. 70 der Verse 311/12 irrthümlich als männliche auf; vgl. P.

3

ens

-empus, *obl.* tens 785, 1539.
-ensum, asens 786 (L sens), 1540; purpens 109 — 39/40, 1005/06.
-ensus, sens 110.

ent

-ende, atent 454.
-endit, atent 338, descent 1349, entent 160, prent 73 (O f.), 348, 660, 1014, 1379, 1468, 1605, tent 1423 — 1007/08 (P avolant 1007), 1071/72, 1153/54, 1191/92.
-*endit, rent 74 (P f.), 337, 1448, 1606.
-endo, defent, 296, 647.
-ente, certement 143 (P certainement), comunement 1818, escordement 295, haitiement 1811, haltement 453, hastivement 1405, humlement 659, prestement 955 — 59/60 (59 f. O), 113/14, 1215/16, 1795/96.
-entem, *subst.* dolent 1467, gent 648, occident 894, orient 1635, parent 159 — 211/12; *adv.* nient 1636.
-*enti, parent 1817.
-entum, alement 144, jurement 1560 (P f.), talent 47 (O f.), turment 206, 624, 1350, 1860, 1406, 1483, 1504 (P f.), ungement 347, vent 893, 1013, vestement 956.
-*entum, jugement 1484, 1503 (P f.), 1559 (P f.), retenement 1812.
-inde, ent 295 (*s.* en), suvent 48, 623.
-indit, fent 1424.
-oenitet, pent 1447 (P' perent).
— fent *s.* funt.

ente

1) -*enta, turmente 1395.

-*entam, *subst.* turmente 901; *verb.* sente 1396.
-*entet, adente 902.
2) -*enditam, rente 1296.
-*iginta, trente 1295.

enz

-*entem+s, *nom.* serpenz 905; *voc.*... dolenz 1255.
-*entos, cenz 800, 914, turmenz 1256.
-entus, *subst.* venz 186, 906, 1356; *adj.* pullenz 1346.
-*entus, sullenz 1345.
-intus, dedenz 913, enz 185, 799 (L denz) 1355.

eoc *s.* oec. eot *s.* oet.

er

-are, *subst.* mer 157, 1015, 1058, 1211, 1506 (P f.), piler 1064 — 1079/80, (Paltel: tel); *adv.* cler 1016 (L mer). 1057, 1063; *inf.* armer 1212, desesperer 953, entrer 158, 193, ester 1505 (P f.), porter 1799, reposer 308, suer 1292, sujurer (L sururer) 1604 — 231/32, 325/26, 473/74, 867/68.
-*are, *inf.* averer 954, conforter 1800, demurer 1603, errer 194, oser 307, tuer 1271 — 595/96. — *s.* ier, teners.ir.

erbe

-*erbam, *subst.* superbe 529, verbe 530.

ère (erre)

-äter, frere 85 (L trerre, P, O f.) 482.
-atrem, frere 1534.
-*atri, *nom.* frere 221, 441, 708, 1038; *voc.* 987.
-ara, clere 1533.
-aram, clere 481, 1037.
-ĕrat, ere 86 (P f.), 222, 442, 988.
-ēre, miserere 707. — *s.* edre, iere.

ère *s.* erre.

èrent
- -*arunt, (*st.* *averunt) nafrerent 939 — 287/88, 327/28, 843/44 [1]), 969/70, 1163/64, 1219/20.
- -èrant, erent 940. — *s.* ierent, irent.

eres *s.* edres.

ermes
- -acrimas, lermes 893.
- -èrminas, termes 891.

ern
- -èrnum, ivern 1330. -erni, enfern 1329.

erne
- -*ernam, *subst.* 869/70 (verne 870 bret. gwern).

erre (ere)
- -aerere, cunquerre 626, querre 84 (P f.) 449, 773 (L quere).
- -*erra, guerre 4 (P f.) 1724 (L gurre).
- -erram, terre 3 (Pf.) 83 (P, O f.), 450, 495, 625, 774, 984, 1043, 1723.
- -*erram, guerre 1044 (L gurre), 1724 (L gurre).
- -errat, serre 496, 983. — *s.* ere.

ers *s.* iers.

èrt
- -āret, pert 1641, 1669.
- -èrat, ert 1642, 1670.

èrt
- -ertum, auvert 1206 (L auverz, P e enfers fu tos auvers).
- -*ertum, *nom.* desouvert 1205 (L descuverz, P descuvers).

erte
- -erditam, perte 1619.
- -erta, uverte 1727.
- -ertam, certe 1620, 1728.

ès
1) -esse, apres 187, pres 735 — 1775/76.
- -essum, deces 736.
- -essus, pres 378,
- -ipsum? ades 188, 377.

2) -issum, mes (Mahlzeit) 701.
- -issus, mes (Bote) 405.
- -*ös, les (*pron. pers.*) 406, 702. — *s.* les.

esset
1) -essat 1001/02.
2) -*esset, cesset 224 (P tempeste).
- -estat, amonestet [2]) 223.

est
- -*aestum, prest *nom.* 1746; *obl.* 725, 1140 (P f.) 1766.
- est, est 726, 1139 (P f.), 1745, 1765 — 1375/76.

este
1) -*estam, feste 470, 551, 879.
- -estia, beste 469.

---

1) Der Reim 843/44 bedarf, wie er in der Londoner Handschrift vorliegt, (*celebreient : ublient*) der Correctur. Entweder ist mit P *celebrerent : ublierent* oder mit der Yorker Handschrift (s. Vising S. 43 Anm.) *celebrient : ublient* zu lesen. Diese letztere Emendation ist, weil sie sich am wenigsten von der Ueberlieferung in L entfernt und sich eine ähnliche Weiterbildung auf *icare* auch anderweitig in unserm Texte vorfindet (vgl. Vising 43 Anm.) nicht ohne Wahrscheinlichkeit, doch vermag ich ein *celebrier* nicht anderweitig zu belegen, und andrerseits sprechen für die erste Aenderung das vorangehende Perfectum und die nachfolgenden drei gleichen Tempora.

2) vgl. S. 28. Ungenaue Reime.

-estiam, beste 552, 880.
2) -ista, galeste 1152.
-istam, arbaleste 1151.

estes
-estas, testes 934.
-*estias, *nom.* bestes 933.

estet s. esset.

estre
-esbyter, prestre 208 (P celestre).
-*essere, estre 662.
-extram, destre 207, 661, 1235.
-istram, senestre 1236.

et (eth)
-atem, abeth 13 (P f.), buntet 1545, claret 275 (O claret), 1691, estet 1554 (P f.), plentet 293, 1763, veritet 534 — 739/40, 1239/40.
-*atem, *nom.* heritet 51 (O f.), voluntet 1764.
-ati, *adj.* lasset 573; *part.* apelet 808, deseritet 52 (O f.), 533, entret 294, menet 250.
-*ati, *subst.* afamet 785; *adj.* penet 249; *part.* enserret 1498 (P f.), 1822, turnet 1486 (*bei vorhergehendem Reflexiv im Plural*).
-(le)ati, entailet 276 (P geme, O paret).

-atum, *subst.* celet 807 (L alelet, P afamet)[1], mandet 829, 877; *adj.* savuret 703; *part. mit habere:* cumandet 878, cuntet 1546, destinet 796 (P done); dunet 978, estet 1553 (P f.) -- 1771/72; *mit habere und vorhergehendem Objekt im obl. pl.:* passet 574; *mit esse, neutr. gen.:* celet 1277, cumandet 830.
-*atum, *subst.* betumet 802 (L-eit, P betument *s.* S. 11 *Anm.*), estelet 1278, muret 704; *adj. nom.* enartet 1692; *part. mit habere:* erret 1497 (P f.) 1821, sermunet 977; *mit esse:* *nom.* gabeth 14 (P f.); *neutr.* ajurnet 1485.
- ? met 801 (L uneit, P voirement) (*vgl.* S. 11 *Anm.* 1) — seet *s.* ies; *im Uebrigen s.* iet[*]).

etent
-*iratant, regretent 230.
-ittunt, metent 229.

eth s. et.   ethe s. ede.

eu
-eum, deu 618, 783, 875.
-*eum, albeu 617, 784, 876. — *s.* ieu, iu.

---

1) Das von L gebotene *alelet* ist mir unklar; ich lese mit Vising (S. 70) statt dessen *a celet* in der Voraussetzung, dass dieses die Lesart in der Yorker Handschrift ist, was Vising nicht ausdrücklich angegeben hat.

2) 679/80 ist mir unklar. Erwarten sollte man im Reime *amassez: encassees*, oder wie Vising S. 70 angiebt, *amasse: encassees*. Vising hält den Reim trotzdem für korrekt und verweist wegen der Nichtcongruenz der Participia auf Mussafia, Ztschr. I, 104, wo zwar auch ein Artikel von Mussafia steht, meint aber Ztschr. IV, 104, wo Mussafia über die Congruenz resp. Nichtcongruenz der mit *habere* construirten Participia handelt; doch finde ich auch in diesem Artikel Nichts, was mit unserm Falle irgendwie in Beziehung steht. Vielleicht sind die Verse weiblich zu lesen mit dem

eus s. eals, ius.

ez
-atis, dutez 1051.
-*atis, *praes. ind.* avez 468, debutez 1052, veez 1368; *fut.* 367/68, 427/28, 475/76, 769/70. *Imperat.* asseez 452, creez 1200, savez 467 — 399/400; 457/58.
-atos, menez 125 (P f.).
-atus, *adj.* senez 126 (P f.); *part.* luez 1382, muez 1370, preez 1199 (L preiez), surplantez 1701 — 201/02.
-*atus, *subst.* malfez 1133; *adj.* eschalfez 1133; *partic.* cunreez 451, espeez 1367, hantez 1702, ruez 1369, 1381 — 1223/24.
drez s.: ekz; *im Uebrigen s.* iez.

i
1) -ěco, pri 329.
-ic, *imperativ* di 1317; *adv.* ci 417, ici 330, 391, 768, 817, 1318, 1469, 1575, si 1576 (P f.).
-*icum, *nom.* mendi 1280.
-idi, vi 418.
-*iem (st. īem) *nom.* jusdi 1470; *obl.* di 392, 767, 1300 — 831/32, 1427/28.
-itum, umbli 818.
-*ivi, defendi 1279, rendi 1299 — 1267/68, 1281/82.
2) ico, di 117.
-*idum, *nom.* fi 118.

ible
-*ibilem, *nom. fem.* paisible 769 (L passibile); *obl.* peinible 790.

ibles
-*ibiles, *adj. masc.* 1331/32, 1343/44.

id (it)
-iti, goit 1110.
-itum, oid 563, 1109.
-*itum, *part., mit habere*: hait 1026; *mit vorhergehendem Objekt im obl. pl.*: goid 564; *mit esse, nom.* chait 1025. — *s.* irt.

i(d)ent
-itant, crient 306 (P prient, O crierent) 557 (P escrient).
-*itant, ublient 305.
-*(c)ēdunt, mercient 558. ublient 844 *s.* erent.

idus *s.* ius.

ie
1) -ěat, recrie 1742 (L rechre).
-*ĭa, paierie 1733.
-*ĭam, folie 1446, marie 1245, 1309, melodie 1781, psalmodie 570 — 693/94, 889/90, 1461/62.
-icam, mie 1310, 1741, 1782.
-ita, *subst.* cumplie 569; *adj.* flurie 1734.
-itam, vie 1445 — 99/100 (L oid'e).
-item, crie 1246.

Reime *masse: casse*, sodass zu interpretiren wäre: »aus Gold in Menge und mit den Edelsteinen in einem Kasten«. Oder sollte wirklich *amasses: encassees*, wie erwartet, gelesen werden dürfen? Da das tonlose *e* in *encassees* als verstummt angesehen werden könnte, so wäre an dieser Emendation nur bedenklich, dass dann hier eine Bindung von *z* mit *s* vorliegen würde, die sich aus unserm Texte nicht anderweitig belegen lässt. Es könnte jedoch hierein eine Licenz erblickt und vielleicht angenommen werden, dass schon zur Zeit unseres Dichters *z* in seiner Aussprache sich bereits dem *s* genähert hatte, womit es etwa 40 Jahre später zur Zeit der Abfassung der Estoire des Engleis par Gaimar, wie zahlreiche Bindungen beweisen, völlig identisch geworden ist, vgl. Vising S. 87.

2) -ŏcem, nie (L neis) 1452.
-ăgo, lie 1451.

le[d]re (ere)
-ŏtram, pere 1227.
-ŭtro, arere 1228 — s. iere.

iel (el)
1) -(i)alem, adj. masc. 1531/32.
2) -aelum, cel 1752. -el, mel 1751.

tement (ement)
-ĕmunt, 651/52.

ien (en)
1) -ĕm, rien 1181, 1455, 1578.
-*em, nom. rien 411.
ĕnĕ, bien 412, 1182, 1456, 1577.
2) -ĕum, men 749.
-*eum (st. ŭum) sen 750 (L son).
ient s. ident.

ier (er)
1) -*(ce)are, apaiser 1270.
-(si)are, baiser 1269.
2) -*(li)áre, merveiller 501.
-arium. conseiller 502, uvrer 747 (P danger).
-*arium, leger 695.
-ĕgrum, enter 748.
-*(vi)are, agreger 696, 1352, aleger 1351.

iere (ere)
-*ariam, subst. guarrere 961 (P guarroiere), rivere 1731; adj. plenere 1732.
-ĕtro, arere 932. — s. ie[d]re.

ierent (erent)
-*(dic)arunt, targerent 845.
-*(rric)arunt, rechargerent 846 (P repairierent).

teres (eres)
-ĕgras, enteres 678 (P chieres).
-ĕtras, peres 677.

iers (ers)
1) -*arios, pleiners 1563 (P f.).

-*arius, remuers 599 (P renuvers), suveniers 1564, voluntiers 772, 961, 1536.
-(o)aros, chers 962.
-(o)arus, chers 771.
-(o)arus, voc. chers 1585.
-ĕgrus, enters 600.
2) -*ĕrios, musters 285 (L mesters, P soliers).
-*ĕrius, mesters 286.

ies
-icás, dies 1258. -itas, cries 1257.

íes (es)
ĕs, 1259/60.

iet
1) icat, diet 1441. -ĭgat, liet 1442.
2) ĭoat, 1711/12.

íet
-*(dic)atum, bei vorherg. Reflexiv. target 885.
-*(rric)atum, nom. charget 886.

íez (ez)
1) -(be)atis, aiez 366.
-*(g)atis camaęz 365.
2) -(de)atis, veiez 360.
-(g't)atis, quies 566.
-(i)atis, graciez 565, seies 359 (L seet).
3) -*(dic)atis, Imperat. targez 1653.
-*(rric)atis, Imperat. charges 1654.
4) -(pi)atis, Imperat. sachez 1115.
-*(ct)atos, nom. cachez 1116.
5) -*(ce)atos, bei habere mit vorherg. Objekt upaisez 1722.
-(si)atos, bei habere mit vorherg. Objekte baisez 1721.
6) -*(o'l)atos, bei habere mit vorherg. Objekte apareilez 828.
-*(li)atos, subst. travailes 827.
7) -(ct)atus, traitez 1289.

-*(sit)atus, dehaitez 1290.
8) -(ig)atus, liez 1363.
-(it)atus, escriez 1364.

if
-*.lem, *nom.* sultif 88 (O sultis, P f.).
-*ivum, *nom.* voluntif 87 (P, O f.).

ifs *s.* is.

igne
-ignum, *subst.* signe 663 (L seigne); *adj.* digne 664.

il
-iculum, peril 429, 1086, 1303, 1466.
-*iculum; costil 430¹) seril 1304²).
-ilem, vil 1582.
-*ilem, *nom.* sutil 1073, vil 29 (P f.).
-ilium, eisil 30, 559.
-ille, mil 1465, 1834.
-illi, cil 537, 560, 1581.
*ill'io, il 538, 1074, 1689, 1833.
-illum, beril 1085, 1690.

ilz
-*iculos, *subst.* perilz 408; *adj.* juvenilz 407.

imes
-imus, (*st.* ivimus) 531/32, 731/32.

in
-iginem, calin²) 1644, 1657, 1665.
-*;lem?⁴) navin 90 (L evain, O nevain P f.).
-inem, fin 22, 43, 719, 842, 853, 1698 — 627/28.
-ini, pelerin 854, 1097, 1666.

-inium, larecin 819.
-inum, *subst.* lin 21, 44, matin 444, 851, 1183, reclin 320, veisin 1184; *adj.* divin 1643 — 175/76.
-*inum, *subst. nom.* pelerin 720 (L pelerein) *obl.* chemin, parin⁴) 89 P f.); *adj.* entrin 443, fin (*goth.* fyn) 1698, marbrin 1697.

indrent
-énerunt, 33/34, 815/16.

ine
-ina, *subst.* reine 1 (P f.); *adj.* divine 2 (P f.).

ines
-*inas, *subst.* sardines 683; *adj.* entrines 683.

ins
-inis, enclīns 811.
-inos, *subst.* pelerins 917; *adj.* marins 478.
-*inos, entrins 812.
-inas, divins *subst.* 918; *adj.* 477.

int
-*onit, survint 1514, vint 1444.
-*enit, (*st.* onuit) tint 1443, 1513 — 1061/62.

ir
-ire, avenir 300, venir 927, 1521, 1726 — 151/52.
-*ire, asperir 1316 (P estovoir), guarnir 299, retenir 1725, sentir 72, serir 1315, tenir 928, 1522 (L tener).

---

1) Vising setzt S. 77 -*ilem* an. Von den von ihm für seine Deutung angeführten Belegen ist der letzte unzutreffend, weil dort der obl. sgl. *costis : berbis* vorkommt, und dieses *costis* wie schon Godefroy angiebt, mit *costil* nichts zu thun hat. Das andere Citat vermag ich nicht zu identificiren.

2) Vising führt (vgl. S. 78) *seril* auf *serire* zurück.

3) vgl. Vising S. 96, Anmerkung.

4) vgl. Groeber, Ztschr. f. rom. Phil. III, 138.

-*īrum, *nom.* desir 71.

ire

1) ănior, sire 1068, 1574.
-*īram (*st.* -īrum), sapphire 1067.
-ŏquere, quire 1575.
2) -ĕriam, matire 1385 (L ire).
-īgere, desfrire 1386 (L desire).

irent

-*ĕcerunt, firent 466, 995.
-*īderunt, virent 836 (P revirent) 1828 (P oirent).
-*īrunt (*st.* -*īverunt), choisirent 465 (L chosserent), guarnirent 996, perdirent 835, saintirent 1827 (P esjoirent) — 709/10 (P refirent 710 *st.* resirent), 851/52 (L -erent), 999/1000.

irt

-ībret, virt 132 (L ivit, (P f.).
-īritum, espirt 131 (L espirit, (P f.).

is

1) -*aesum (*st.* aesitum), quis 665, 1596.
-(g)ensem, pais 409, 616, 775, 1815.
-ēnsum, apris 733, enpris 9 (P f.) pris 1801 (L alat)¹), 1803.
-ex, sis 547 (L sais).
-īous, amis 46, 395.
-īes (*st.* īes), dis 183, 631.
-*īsos, *adj* alis 410 (ahd. lîsi). *part.* bei vorherg. Reflexiv. im Plural mis 632, 666.

-īsti, quesis 543, requesis 1790.
-*īsti, nasquis 776.
-īsum, parais 49 (O f.), 349, 544, 548, 1595, 1645, 1789, 1802 (P portat)¹), 1804, 1816.
-*īsum, *adj.* bis 262; *part.* asis 734, atmis 350, mis 10, 184, 261, tramis 396 — 281/82.
-īsus, vis 1397.
-*īsus, asis 50, mis 1398.
-īvos, vifs 45.
-*īvus, baïs 615, poesteïs 1646 (L poestis).
2) -ēci, forfis 1247. -ĕtium, pris 1248.

ise

-*ĕsiam, eglise 446 (L glise, P yglise).
-ĭoium, juise 1555 (P f.).
-*īsam (*st.* essam) asise 1036.
-*ītiam, cumandise 1556 (P f.).
-ītium, servise 445, 1035.

isle

-*īciculat, cisle²) 94 (P nescille).
-insulam, isle 93 (P ille, O f.).

isse

-issem, 1547/48 (1548 f. P).

issent

-*iscunt, guarnissent 601 (L -eint).
-issent, perissent 602 (L -eint).

ist

-*aesit, quist 1826.
-*ĕcit, forfist 57 (O f.).
-*ensit (*st.* endit) prist 780.

---

1) vgl. S. 9 Anmerkung 4.
2) Vising entscheidet sich S. 77 für die Lesart der Pariser Handschrift und erklärt mit Groeber (Ztschr. III, 134) *nescille* = *n'essille* von *essilier* quälen. Ein Grund, hier von L abzuweichen, scheint mir nicht vorhanden zu sein; das von L gebotene *cisle* betrachte ich als identisch mit prov. *sisclar*, welches von Diez aus einer Vermischung von *fistulare* und *sibilare* erklärt, vielleicht aber besser als eine onomatopoetische Bildung aufzufassen sein wird. Die franz. Form ist bei Diez nicht erwähnt.

-īsit, mist 58 (O f.).
-*īsit, anquist 413, enquist 101 (O f.).
-*istic, cist 1055.
-ixit, dist 102, 414, 779 (L mist), 1056, 1825.

istes
1) -*extas, tistes 675.
-*istas, listes 1688.
-*ystas (*st.* ystos), amestistes 676 (P listes), 1687.
2) -īstis, 751/52.

istrent
-*aeserunt, quistrent 259.
-*ēcerunt, fistrent 593 (L firent).
-*enserunt, pristrent 448.
-*īserunt, mistrent 260, 447, 594 (P misent).

it
-*ectum, delit 24, 1594, 1774.
-*ĕgit, eslit 107 (L. P eslist).
-īcit, cuntredit 435 (P cuntredist), dit 23, 656, 1773.
-ictum, dit 198 (L dist), 284 (L dist), 1197, 1527, 1593.
-īdit, purvit 197, vit 108, 283, 436 (P dist) 1198.
-*ītum, abit 655, habit 1528.

ite
-(i)etum, quite 1436.
-īta, ermite 75 (P. O f.).
-ītam, vitte 76 (P f.)
-*ītam, merite 1435.

ites
1) -ectas, disselites 1682.
-*īthas, grisolites 1681.
2) -(i)etus, quites 1538.
-īta+s, hermites 1537.

itte *s.* ite.

iu
-aecum, ceu 1392 (P estroit).
-*ĕhum, fiu (ahd. fehu) 270 (L feu; P. O f.) 721.
-*ĕque, siu 432, 1599.
-īu (*st.* ii), piu 92 (P f.), 1600 (L pui).
-*īum, *nom.* piu 1516.
-ŏcum, liu 91 (P. O f.), 269 (L leu), 431, 722 (L leu), 1391 (L leu, P destroit), 1515.

ius
1) -*ĕhus, fius 1810.
-īus, pius 36, 728, 1286, 1437, 1809.
-īvos, juius 1285 (L vidus, P iuis).
-ŏcos, lius (L leus) 35 (O f.), 728, 1438.
2) -ŏcus, 1323/24 (L fuis 1324).

ive
-īpa, rive 1507 (P f.).
-*iuha, escive (ahd. sciuhan) 1508 (P f.).

ivent
-*īpant, arivent 483 (P ariverent).
-*inhant, escivent 484 (P escriverent, L se sevent).

ivre *s.* eivre.

iz
1) -*ectos, *subst.* respiz 82 (L espiz, P f.); *adj.* esliz 123 P f.).
-ictos, *subst.* diz 81 (P f.), 124.
2) -ectus, esliz 32.
-*īdus (*st.* -īdus) acaliz 1360.
-*ītus, *subst. obl. pl.* habiz 31; *part.* galiz 1359; 973/74. — *s.* eiz.

oche
-*occa, roche 1214.
-*ŏccam, boche 1213.

oches
-*occas, *subst.* 1365/66.

odes (oes)
-abatas, goes 1609.
-audas, coes 937 (noes L, P)¹).
-*ātas, podes 938 (P poes), poes 1010.

oec (eoc)
-öc, oec 629, odveoc 181, oveoc 65 (O f.), 1633.
-õco, īloec 66, 182, 630, 1634.

oēs s. odes.

oet (eot, ot, out)
-*öpet, esteot 16 (P f. O-uet), estout 179 (P. O-uet), 246 (P. O-uet), 1048 P-uet).
-*ötet, peot 15 (P f.), poet 1632 (P-uet), pout 180 (P puet, O pueit), 245 (P puet, O poet),
-övet, commout 1047 (P-uet), commot 1254 (P-uet).

oi
-ado, revoi 860,
-apui, soi 1544.
-ansum, poi 859, 1325 (L po), 1543.
-audio, oi 1326.

oie
-auca, poie 1768. -*audia, goie 1767.

oient
-audiunt, 1779/80 (P-ident 1779).

oile
-öleat, doile 18 (P f.).
-*öleat voile 17 (P f.).

oine
-*önia, calcedoine 1082.
-*öniam, calcedoine 1685.
-*önicha, sardoine 1081.
-*önicham, sardoine 1686.

ois
-*ausjum, cois (goth. kausjam) 1542.
-*oscum, bois 1541.

ol
-*ölum, vol 1018. -ollum, col 1017.

ole
-*ölam, gaiole 1413. -*ollam, fole 1414.

olent
-ölant, volent 1129. -ollant, tolent 1130.

ols
-*ölus, subst. vols 509. -*olpus, cols 510.

olt
1) ölet, solt 765. -*ölit, volt 766.
2) öluit, volt 345. -olvit, asolt 346.

on s. ien.

one
-öna, bone 1242.
-önam, bone 671.
-*önum, trone²) 672. 1241.

or
-aurum, or 315, 681, 1753, tresor 316, 1754 (L tensor).
-*aurum, sor (v. l. saurus) 682.

orbet
-orbat, aorbe 1649. -*orbat, aaorbe 1650.

---

1) Das von L und P gemeinsam gebotene *noes* ist mir unklar. Es liegt nahe, an *goes(gqbatas)* zu denken, welches auch V. 1009 im Reime zu *poes* begegnet. Doch dürfte hier, wo vom Schlagen bei Fischen die Rede ist, besser *coes(caudas)* zu emendiren sein, welches bekanntlich ebenso wie *goes* ausnahmsweise einen geschlossenen o-Laut hat.

2) Nach Diez von *trōnum*, was indess wegen des ausl. *e* bedenklich erscheinen muss. Die Schreibweisen *trodne* (Quatre livres des rois) und *trosne* weisen vielmehr auf ein Etymon hin, woraus sich das aus). *e* als Stützvokal erklären lässt.

orce
-*ortiam, *subst.* 1475/76.

orcent
-*ortiant, forcent 1408.
-*orticant, escorcent 1407.

orde
-ordam, corde 1415.
-orridam, orde 1416.

orge
-abricam, forge 1142.
-urgi(t)em, gorge 1141.

orie
-*elium, apostorie 1034.
-oria, estorie 54.
-oriam, glorie 53 (O f.), 541, 1028, 1083.
-*oriam, baldorie 542, 1027.

ors
-auros, tresors 674.
-*auros, *nom.* tors 912.
-öris, fors 218, 639, 673, 965, 1244, 1402, 1509 (P f.), 1583.
-*orpos, cors 640, 942, 966.
-orpus, cors 217, 911, 911, 1401, 1510 (P f.), 1582.
-orsus, *subst.* mors 941.
-*orsus, misericors 1243.

ort
1) -*orte, *adv.* fort 909, 1229.
-ortem, *subst.* mort 910; *adj.* fort 258, 1011.
-*ortem, *nom.* mort 1230.
-ortet, enport 1012.
-urgit, resurt 257.
2) -ortum, port 167, 856.
-urgitem, gort 168 (P f.) 855.

---
1) vgl. S. 62 Anmerkung 6.

orte
-ortam, porte 1703.
-*ortam, forte 896, 1704 (L fort).
-*ortuam, morte 895.

ortent
-ortant, portent 1693.
-*ortunt (*st.* *ortiunt), resortent 1694.

ortet
-ortat, portet 1096 (P enporte).
-*ortat (*st.* *ortit), resortet? 1095.
(P reconforte).

ors
-ortes, *subst.* morz 958; *adj.* forz 957.

os
1) -aus, *obl.* los 79 (P, O f.).
-orsum, ndos 80 (P, O f.).
2) -*ausum, repos 1586 (P f.).
-ossem, os 1557 (P f.).
3) -ōpus, os 636.
-*ōsum? cros 635 (*Höhlung*)¹).

ose
-ausa, aclose 253, enclose 1107.
-ausam, pose 1108.
-*ausat, ose 254.

osses
-ossas, *obl.* fosses 1123.
-*ossas, *nom. fem.* grosses 1124.

ost
-ostem, post 1374. -*ostum, rost 1373.

oste
-*ōsitam, poste 1608.
-ospitem, hoste 1607, 1659.
-*ostam, coste 1660.

ot ¹)
-ăcuit, plot 303 (L. O plout).

-*öpet, ostot 304 (L, O estout, P ot).
— s. oet.

otet
-uctat, flotet 883 (L devolat).
- ?, abootet 884.

ouent
-abant, 1287/88 (L auroueint = coruneint).

ourent
-*abuerunt, ourent 1196.
-*apuerunt, sourent 1172, 1195.
-*ötuerunt, pourent 1171.

ous
-ŭos, 1337/38.

out
-abat, aportout 1565 (P aportoit), estout 77 (P. O f.), portout 1135, 1273, reposout 321.
-*abat, errout 322, hortout 1274.
-abuit, out 78 (P f. O aveit), 278, 336, 1136, 1190.
-ăcuit, desplout 277, plout 1500, tout 1262.
-ĕpuit, sout 335, 1499.
-*avuit (st. ăvit), pout 1566 (P pessoit).
-ötuit, pout 1189, 1261 (P puet). — s. oet und ot.

ovent
-*öpant, trovent, 1622.
-övent, movent 1621.

u
-ū, 1321/22.

uble
-uplam, duble 643, 1482.
-*urbula, truble 1103.
-*urbulam, truble 644, 1481.
-ūbilum, nuble 1104.

ud (ut).
-ūdem, palud 791 (L palude).
-ūdum, nud 1222.
-üit, fud 97 (O f.), 437 (P vont), 535, 1829.
-ūte, absolud 822.
-ūtem, salud 792 (L salude), vertud 536, 1830.
-*ūti, meud 191, recoud 1178 (P porent), venud 1221 — 687/88; *bei vorherg. Reflexiv. im Plural*: tolud 821.
-ūtum, asout 373 (P f.), seud 192.
-*utum, adj. obl. chanud 825; part. mit habere: tendud 826, voud 1177; mit habere und vorherg. Objekt im Fem. Sgl. oder Masc. Pl.: trescurud 438 (P ont), voud 374 (P f.); mit esse, nom. curud 98 (P geu).

u[d]e
-*utam, *subst.* veue 103; *part.* receue 104.

u[d]ent
-ūtant, muent 1412.
-*ūtant (st. -ŭunt), ruent¹) 1411.

ue
-ūbem, nue 494, 1147, 1652, 1655.
-ūgam, rue 1656.
-ūtam, vedue 493, 1651 (P sive).
-*ūtat (st. ŭit), rue 1148.

uent s. udent.

ues (uthes)
(I u = ó)
-*ŭas, nom. fem.. sues 1210.
-ūbes, obl. nues 1209.
(II u = nfrz. u?)²)
-übes, obl. nues 214. -*ātas, veuthes 213.

ui
-ŏdie, encui 340.

---

1) vgl. Foerster, Ztschr. f. rom. Phil. II, 87.
2) vgl. S. 63 Anmerkung 3.

-ŏdium, pui 172.
-*ŭi, dui 112.
-*uic, cestui 171, lui 111, 339.

uign s. uin.

uil
-*ŏli, orguil (ahd. urguoli) 67 (P voil; O f.).
-*olligum. escuil 68 (O unvollst.).

uin
-onge, luin 165 (P lons).
-*unnium, gruign 166 (P groins), O gruinz).

uines
-ŏnachos, muines 813 (P amis).
-*onios?¹) suines? 814 (L suduines, P endormis).

uinz
-ongus, luinz 1630.
-onios, busuinz 1629.
-*onius, busuinz 241.

uit
1) -octem, nuit 1388, 1477.
-ŏdiet, anuit 1387, 1478.
2) ūcit, cunduit 781, 1637, 1805, duit 266, 692. seduit 310.
-uctum, cunduit 923, 1490, deduit 1638 (P f.); 1625/26.
-ūgit, muit 924, 1126.
-ŭgit, fuit 464, ruit 1125.
-*utti (st. ōti), trestuit 309, 691, tuit 265, 463, 782, 1489, 1806.

uite
-uotam, part. cunduite 1161.
-*ŭgitam, fuite 1162.

ulte
-*olta, estulte (nds. stolt, hd. stolz) 945.
-*ulta, tumulte 946.

um s. un.

umes
-ŭmus, sumes 519.
-ŭimus, fumes 520 (P estomes).

un (um)
1) amus, ind. praes. lavum 754, ruvum 746; Imperat. ruvum 401 (L prendon).
-*amus, ind. praes. avum 753, curum 1218, devum 755, truvum 402 — 127/28 (P f.) 415/16, 649/50, 771/42; conj. impf. 763/64; Imperat.: demurum 1217, eisum 834, recevum 756, truvum 745.
-ōnem, fuisun 1740 (L fusun), nerun 1032 (L nerunt), veneisun 1747 — 343/44, 387/88.
-*ōnem, cardun 1739 (L cardunt), peisun 833, 1748; perun 1031 (L perunt).
2) -*ōni, cumpaignun 1493.
ūnum, un 1494.

unc
-unc, dunc 228 (O adunt).
-undum, sulunc²) 227 (O solunt).

unce
-uncium, unce 1066.
-*untium, jagunce 1065 (L jargunce).

unde
-unda, subst. unde 1041; adj. parfunde.

---

1) suduines in L ist mir unklar; ist etwa que il vedoit tut sens suines zu emendiren? wegen des Feminin. suine vgl. Scheler's Glossaire zu Froissart's Chronique.
2) vgl. Diez, Etym. Wtb. IV. Ausg. Anhang (S. 677).

untes
-*undas, *subst. nom.* undes 944; *adj. nom.* parfundes 943.

une
-*āna, une 422. -*ūnam, raencune 421.

uns
-ōnes, 1557/58 (P f.).
-*ōnes, cumpaignuns 642, 1519.
ūnus, uns 641 (P raisons), 1520.

unt
-*abunt (*st.* -abent), *praes.* unt 403, 716 (L sunt), 1132, 1204, 1624, 1648, 1668, 1710; *fut.* 63/64 (O f.), 1101/02, 1431/32.
-*acunt (*st.* aciunt), funt 840, 1616, 1647.
-adunt, vunt 608, 706, 1203, 1615, 1623.
-ant, estunt 404, 839.
-ontem, *subst.* munt 1131, *adv.* amunt 637, 1232, 1399, 1709.
-undit, funt 1231 (L fent).
-unt, sunt 607, 638, 705, 715, 1400, 1667.

ur
(I *u* = *ó*)
-ōrem, *subst.* dulcur 689 (L dulceur), odur 95 (O f.) oreur 743, pour 361, 921, 1418, valur 888; *adj.* greignur 1580.
-*ōrem, *nom.* seignur 1579; *obl.* aleur 1671, aporteur 744, luur 1417, refraitur 697.
-*ōri, flur 96 (P la flur), litur 698, seignur 690.
-ōrum, lur (Pronomen) 387.
-ūrium, our 362 (P socor), 922 (P creator).

-urrem, tur 1672.
   (II *u* = nfrz. *u*?)[1]).
-ūrum, *subst.* mur 271, 1696; *adj.* dur 272, 1695.

ure
-ūra, creature 513 (L crature).
-ūram, *subst.* cure 162, 514, 761 — 351/52, 803/04; *adj.* dure 762.
-ūrat, dure 161.

urn
-ornum, return 1597, tresturn 198 P f. O tresturn), 1354 (P trestor), turn (P tor), 588 (L jurn), 874, 1059, 1088.
-urnum, jurn (P jor), 137 (P f. O jurs), 1060, 1087, 1305, 1353, sujurn (P sojor), 873, 1306, 1598.
-*urnum, *nom.* sujurn 587.

urre s. erre.

urs
(I *u* = *ó*)
-ōres, *subst. obl.* dolurs 1440, flurs 1700 (P durs), pours 1175; 1425/26; *Vocat* seignurs 472; *adj.* greinurs 471.
-*ōres, luurs 1679 — 1167/68.
-*ōros, plurs 609, 1439.
-*ūrius, ours 1176.
-ursum, curs 610, 1663.
-ursus, surs 1664.
-ūrus, murs 1680, 1199.
   (II *u* = nfrz. *o*?)[1])
-urus, durs 1383.
-*ūsum (*st.* ursum), sus? 1384 (L surs, P purs). — *s.* urs.

urses
-*ursas, *subst. obl.* burses 1275; *part. nom.* surses 1276.

---

1) vgl. S. 63 Anmerkung 3.

urt *s.* ort.

urz
-urdus, gurz 220 (P cors).
-urnos, jurs 219.

us
(I *u* = *ó*)
1) ōs, nus 1335, vus 646 — 1785/86.
-ŏsi, sedeillus 645.
-ŏsum, pluius 971 (P brandans).
-ŏsus, anuus 972 (P li tans).
-*ŏsus, penus 1336.
2) ŏsos, *adj.* 1737/38.

(II *u* = nfrz. *u*?)[1])
-*ūsum (*st.* -orsum, -ursum), 385/86, 809/10, 1069/70, 1253/54, 1347/48.

usent
-*ūsant, 597/98 (P -sevrent).

uste
-*ŏnsta, custe 1328.
-*ŏnstam, custe 585, 861, 1311.
-*ostam, pentecuste 586, 862, 1312.
-uxta, dejuste 1327.

ustes
-usticus, rustes 41 (O f.).
-ūstus, justes 42 (P vistes).

ut *s.* ud.

ute
-*ubitam, dute 1501 (P f.).
-uptam, rute 1502 (P f.).

uthes *s.* ues.

utent
-*ŏzant, butent (ahd. bōzen) 486.
-ŭbitant, dutent 485.

uz
(I *u* = *ó*)
1) -ŭcem, cruz 1119 (P crujs).
-ŭteus, puz 1120 (P pieus).
2) -*uhos, buz (ahd. bûh) 1021 (P bos).
-uttos, tuz 1022 (P trestos).

(II *u* = nfrz. *u*?)[1]).
-ūtes, vertuz 505.
-*ūtos, sustenuz 737 (O sostenu).
-*ūtus, venuz 506, 738 (O venu); 1293/94 (P -u) 1495/96.

2) für die vortonigen Silben.

a
-ad-, parais 1816.
-ag-, pais 615 (P en mer), 1815.
-ah-, bais 616 (P trover).

ab
-*abb-, 13/14 (P f.).

ach
-*act-, cachez 1116 (P chacies).
-api-, sachez 1115.

a[d]
-*ad-, chait 1025, trahi 1281.
-*at-, hai 1282, hait 1026.

ai
-äbe-, aiez 365. -*ag-, esmaiez 366.

ail
-*ali-, (*st.* -al-,) sailiz 973.
-*all-, failiz 974.

ais
-*ace-, apaiser 1270, apaisez 1722.
-asi-, baiser 1269, baisez 1721.

ait
-act-, traitez 1289. -*eit-, deheitez 1290.

al
-al-, valur 888 — 791/92.

---
1) vgl. S. 63 Anmerkung 3.

-*al-, acaliz 1360, haler (ahd. halôn) 232 (L aler, P asener).
-all-, arbaleste 1151.
-*all-, alat 317, aler 231, galeste 1152, galiz¹) 1359 — 867/68.
-alum h-, mal at 318.
-am ill-, la lur 887.

alf
-alef-, 1733/34.

alm
-alim-, *adv.* 1795/96.

am
-am-, amis 395, reclamez 458.
-*ansm-, tramis 396.
-ĭm-, tamez 457.

an
-in-, anuit 1478 (L annuit).
-*ăm n-, la nuit 1477.

and
-and-, 829/30, 877/78.

ant
-ambit-, hantez 1702.
-ant-, surplantez 1701.

ar
*adr-, arere 932 (L airere).
-*err-, guarere 931.

ard
-*ard-, 1271/72.

arg
-*ardic-, targerent 845, target 885, targez 1653.
-*arric-, rechargerent 846 (P repairierent) charget 886, chargez 1654.

arm
-arm-, armer 1212. -er m-, par mer 1211.

art
-arit-, claret 1691. -*art-, enartet 1692.

ass
-ass-, lasset 573. -*ass-, passet 574.

at (ath)
-at-, 199/200.

av
-ab-, aveir 528, 1434, avez 467, avum 127 (P f.), 415, 742 (P sera), 753 (P bevon).
-*ab-, avant 1029, 1518, 1787.
-*ap-, saveir 527, 1433, savez 468, savum 128 (P f.), 416, 741.
-*ap- (*st.* -api-) savant (P sachant) 1030, 1517, 1788.
-av-, lavum 754.

avr
-*abere h-, avrat 25, 1759.
-*apere h-, savrat 26, 1760.

e
1) -ĕe-, seud 192. -*ov-, meud 191.
2) -ĕns-, preistes 752. -ĭd-, veistes 751.
-*ĭd-, veue 103. -*ĭp-, receue 104.

e[d]
1) -aed-, preez (L preiez) 1199.
-*ĕd-, creez 1200.
2) -at-, oreur 743.
-*at-, aporteur 744.
3) -ĕd-, sedeir 55, 1769.
-eot-, espeez (ahd. speot) 1367.
-ĭd-, vedeir 56, 1770.
-*ĭd-, veez 1368.

ed
-*od-, amedous 1337. -ĕ'd-, de dous 1338.

eg
-*evi-, 695/96, 1351/52.

ei
-*ĭ-, seiez 359 — 139/40 (P f. O enseignad 140).

---

1) vgl. Diez, Etym. Wtb. IV. Ausg. S. 619.

-îde-, veiez 360.

eign
-andi-, greignur 1580, greignurs 471 (L greinurs).
-eni-, seignur 1579, seignurs 472.

eil
-*ali-, travailez 827.
-*ïcul-, apareilez 828.

eill
-ili-, 501/02.

eis (ais)
-ansi-, maisun 344.
-ati-, raisun 343, veneisun 1747 (P venison).
-*ex-, eisum 834 (P isson).
-isci-, peisun 833, 1748.

ej
-*ubdi-, sejurn 1306 (vgl. S. 25).
-*úm di-, le jurn 1305.

el
-ĕl-, celet 807 (L alelet, P afamet; vgl. S. 40 Anm. 1) 1277.
-ell-, apelet 808.
-*ell-, estelet 1278.

em
1) -am-, jurement 1560 (P f.).
-*am-, certement 143, haitiement 1311, jugement 1559, prestement 955.
-*(n)em-, retenement 1312.
-im-, alement 144 (L alment).
-(st)im-, vestement 956.
2) -*(bl)im-, adv. 59/60, 1215/16.

en
-*ēn-, pleners 1563 (P f. L pleiners).
-ĕn-, senez 126 (P f.); 927/28, 1521/22, 1725/26.
-*ĕn-, suveners 1564 (P f.), venud 1221 — 737/38, 1495/96.
-ign-, asener 474, asenet 1772.

-ĭn-, mener 473, menet 250, 1771, menez 125.
-oen-, penet 249, penus 1336.
-ē n- de nus 1335.
-(homin)em n-, home nud 1222.

end
-end-, mendi 1280 — 255/56 (P grant 256).
-*end-, defendi 1279, rendi 1299 — 1267/68, 1293/94.
-in d-, en di 1300.

endr
-endere h-, fut. 1431/32, 1793/94, 1797/98.

ent
1) -empt-, tentez 201.
-*ent-, sustentez 202.
2) -enit-, plentet 1763.
-unt-, volentet 1764.

er
1) -are h-, porterai 434.
-*are h-, truverai 433.
2) -*ayr-, primereine 948.
-*ēretr-, dereine 947.
3) ēr-, beril 1085, desesperer 953.
-*ēr-, averer 954, seril 1304, serir 1315.
-ĕr-, nerun 1032 (L nerunt, P noiron) peril 1086, 1303.
-erg-, asperir 1316.
-ĕtr-, perun 1031 (P pieron).

err
1) -ēdere h-, crerrez 476, recrerrunt 1101.
-ĭdere h-, verrez 475, verrunt 1102.
2) -*err-, aserrer 596, enserret (mlt. serra) 1498 (P f.).
*ĭter-, errer 595, erret 1497, 1821.

ert
-arit-, amertet 739.

-irmit-, enfertet 740.

est

1) aest-, estet 1240, 1554 (P f.).
-est-, maiestet 1239.
st-, estet 1553.
2) -*esth-, (st. -eth-), amestistes 676.
-ós, t-, les tistes 675.

ev

-ēb-, devum 755 (P cantons).
-ĭp-, recevum 756 (P recevons).

evr

-*ēbere h-, devrunt 64.
-*ĭpere h-, recevrunt 63.

i

1) -ĕc-, nient 1636 (P noient).
-ĭ-, orient 1635 — 1737/38 (P delitos 1737).
-*ī-, graciez 565 — 1531/32.
(o)ogit-, quiez 566.
2) -ĭg-, liez 1363. -ĭt-, escriez 1364.

in

-in-, finat 1831. -ĭn-, destinat 1832.

ir

1) -*ĕr-, detirat (gcth. tairan, ahd. zēran) 949 (P detire).
-err-, descirat (ahd. skerran) 950 (P descire).
2) -ir-, aspirat 142 (P f.).
-*ire h-, irnt 141 (P f.).

is

-*isc-, 1459/60.

it

-it-, veritet 534 (P heritet).
-ēdit-, deseritet 51, 533 (P desirete), heritet 52.

iv

-*ĭp-, ariverent 969 (P aunierent).
-*ĭv-, aviverent 970 (P f.).

o

1) aug-, our 362 (P socor), 922 (P creator), ours 1176 (P doucors).
-av-, pour (P paor) 361, 921, pours 1175 (P paors).
2) -ĕc-, asout 373.
-ĭd-, voud 874 (O f.) 1177.
-ĭp-, recoud 1178.

o[d]

aud-, oit 563, 1109.
-*aud-, goid 564, 1110 — 851/52.

ol

-ol-, absolud 821. -*oll-, tolud 822.

ort

-ort- portout 1273 — 1799/1800.
-*ort-, hortout 1274.

os

-aus- reposer 308. -*aus-, oser 307.

ous

-abuiss-, ousum 764.
-apuiss-, sousum 763.

u

-ŏc-, luez 1382. -*uc-, luur 1417.
-ut-, puier 1418. -*ut-, ruez 1381 (Pgetes).

u[d]

-ūd-, suer 1292. -ŭt-, muez 1370.
-*ŭt-, ruez 1369 (P leves), tuer 1291.

un

-ŏdi-, annius 972 (L annuus, P tans).
-ŭvi-, pluius 971 (P brandans).

uis

-onsi-, tuisun 388. -ŭsi-, fuisun 387.

ul

-ōl-, 1425/26.

ull

-*ŭill-, sullenz 1345.
-ārul-, pullenz 1346.

um

(I u = ó)

-ŏm-, rumanz 11 (L. O romanz (P f.).
-*ŏmm-, cumanz 12 (P f.).

(II u = nfrz. u?)

-ām-, fumee 1165.
-āmin-, alumee 1166.

un

-ōn-, dunet 978. -*ōn-, sermunet 977.

unc

-*ontic- 1457/58 (P pomel 1458).

unt

-omput-, cuntet 1546.
-ănit-, buntet 1545.

ur

ŏr-, urat 925.
-*ūr-, muret 704.
-ŏr-, savuret 703.
-*ŏr, demurance 122, demurat 926, demurer 1603, demurum 1217.
-ūr-, seurance 121 (P seurtance).

-urn-, sujerer 1604 (L sururer, P sojorer).
-urr-, curum 1218 (P retornons).

urn

-*orn-, turnerent 1328 (P presterent), turnet 1486.
-urn-, ajurnet 1485 sujurnerent 1327.

urr

-*erare h-, demurrai 864.
-*urrare h-, sucurrai 863.

us

-*usi-, 1167/68.

ut

-*ŏs-, debutez (ahd. bōzan) 1052.
-*abit-, dutez 1051.

uv

-*ŏg-, ruvat 1824, ruvum 401 (P preodon).
-ŏp-, part. 1205/06.
-*ŏp-, estuveit 916, truvat 1828, truvum 402.
-ŏv-, muveit 915.

Grammatik der Reime
I. Vocalismus.
A. Betonte Vokale
a) einfache Vokale.

Lat. *a*.

1) = franz *a*.

1. $a^e = a^{cc}$: *ate*[1]), *as* 1[2]), *al, als, alt*; = germ. a^e: *ase*[3]); = ∞: a^4), at^5).

2. a^{cc} = ∞: *atre, ace, avie, age, ables, as* 2, *acet, als, alte, ardent, art, arge, arget, arbre, ast, aspes, asset.*

2) = franz. a_n.

3. $a^{\ddot{c}} = a^{cc}$: an^6); = ∞: *ames* [7]).

4. a^{cc} = ∞: *ame* 2, *ames* 2, *ande, andent, ant, anz, ante, ance, anche.*

3) = franz. *ai*.

5. $a + e = a^e$ od. $a^{cc}(tr)$ + attr. *j* (urspr. *i*): *air.*

6. *a* vor palat. $c = a^e$ + attr. *j* (urspr. *ï*): *ais*; — (*j* urspr. *c* der Combin. *sc*): *aist* 1.

7. *a* + Gutt. = *a* + sec. *j* (urspr. *dj, bë*): *aie, ait* 1; = $a^e + i$, a + compl. Gutt., germ. *ai*: *ait* 1; = ∞: *aient*.

8. $a^e + i$ = ∞: *ai* 2.

9. a + sec. *j* (urspr. *bë*) = ∞: *ai* 1.

10. a^e + attr. *j* (urspr. *ï*) = a^{ce} + attr. *j*: *aile*; — (*j* urspr. *c* der Combin. *sc*) = *a* + compl. Gutt.: *aistre*; — (*j* urspr. *ë*) = germ. *a* vor *s* (s. S. 59 Anm. 1): *aise*.

11. a^{cc} (*tr*) + attr. *j* (urspr. *ï*) = *a* + compl. Gutt.: *airent*.

---

1) In dem Eigennamen *pilate*.
2) In der Verbalendung *-abes*.
3) In dem gelehrten Worte *grisopase*.
4) In dem Imperativ *va* und dem Adv. *la*.
5) In den Verbalendungen *-abet, -avit*.
6) In dem Eigennamen *brandan*; doch daneben begegnet *brandain*.
7) In der Verbalendung -*amus* (st. *-avimus*).

12. $a +$ compl. Gutt. $=$ germ. $ai, aite;\ = \infty: aire, ait\, 2, aigres, aist\, 2.$

    4) $=$ franz. ai_n.

13. $a^o = \infty: aim, ain, ains.$
14. $a^{cc} +$ attr. j (urspr. i) $= a +$ Nas. $+$ compl. Gutt.: $ains$.

    5) $=$ franz. $ẽi_n$[1]).

15. $a^c = a^c +$ attr. j (urspr. i), $\bar{i}^c, oe^c: aine; = \bar{e}^c: aine, aines.$
16. $a^{cc} +$ attr. j (urspr. i) $= a +$ Nas. $+$ compl. Gutt.: $aindre; = \bar{i}^c: aindres.$
17. $a +$ Nas. $+$ compl. Gutt. $= i$ in gl. St.: $aintes.$

    6) $=$ franz. $ẽ$.

18. $a +$ compl. Gutt. $= e^{cc}$: $ermes$[1]).

    7) $=$ franz. $é$.

19. $a^c = a^c$ nach unmittelb. vorherg. j (ursprünglich $ë$ und verschmolzen mit vorherg. l zu franz. lj): et[2]); $= a^{cc}\ (tr, lj)$: $edres, ere, el\ 1;\ =$ germ. a^c (s. S. 59 Anm. 2): $ef; = \bar{e}^c$ (s. S. 59 Anm. 3); $ere; = \dot{e}^c$ (s. S. 59 Anm. 4): $ert, erent; = \infty$: $ede, edes, ez, ef, el\ 2.$

20. $a^{cc}\ (tr) = \infty$: $edre.$

    8) $=$ franz. $\widetilde{ie}$[3]).

21. $a^c +$ attr. i der Endung

---

1) Wie aus den hierunter angeführten Bindungen hervorgeht, haben die franz. Diphtonge ai und ei vor Nasalen in vorletzter Silbe (für die letzte Silbe wenigstens nicht nachweisbar) ihre noch für Philippe v. Thaün anzunehmende, verschiedene Aussprache bereits eingebüsst. Da sie nur unter einander, noch nicht aber mit offnem e reimen, setze ich als Klangfarbe ein noch deutlich diphtongisches $ẽin$ an. Vor oralen Consonanten scheint dagegen die verschiedene Aussprache noch erhalten zu sein, doch auch hier vielleicht ein Fall der Mischung zu begegnen in der Endung $eire$ (vgl. S. 36 Anmerkung). Dagegen darf bereits völliger Übergang zu offenem e angenommen werden in dem Worte $lermes$ s. oben lat. $a =$ franz. $ė$.

2) Während sonst vom Dichter $\widetilde{ie}$ und $é$ im Reime streng geschieden sind, begegnet hier der einzige Fall ihrer Mischung in $clartet = entailet$ 275/76. Der Reim wird zwar nur von der Londoner Handschrift geboten, scheint mir aber dennoch gegenüber den Lesarten der beiden andern Handschriften als vom Dichter herrührend betrachtet werden zu müssen. Denn das von der Pariser Handschrift an Stelle von $entailet$ gebotene $gemet$, durch welches dieser Ausnahmefall zu beseitigen wäre, kann wegen der auffälligen Wendung $Gemes\ dunt\ sunt\ gemet$ vor der Londoner Lesart schwerlich den Vorzug verdienen. In ihm werden wir wohl richtiger das von dem nachträglichen Überarbeiter angewandte und sich ihm offenbar leicht darbietende Mittel zu erkennen haben, diesen vielleicht Anstoss erregenden Reim zu beseitigen. Die Lesart des Oxforder Bruchstücks »$dun\ entailet\ sunt\ li\ paret$« ist zu verwerfen, weil die Contraction des Diphtongs ei zu e noch nicht angenommen werden kann, und dieses e überdies ein offenes sein müsste. Die Aufrechterhaltung dieses Reimes kann übrigens um so weniger bedenklich sein, als sich auch bei dem ungefähr gleichzeitigen anglonorm. Dichter Philippe de Thaün solche Bindungen von $ie: é$ belegen lassen vgl. Mall, Computus S. 74.

3) vgl. Anmerkung 2.

-arium = a^o nach unmittelb. vorherg. *j* (urspr. *ï* und mit vorherg. *v* verschmolzen zu franz. *g* oder mit vorherg. *l* zu franz. *lj*): *ier* 2; = a^c nach unmittelb. vorherg. *c* (franz. *ch*): *iers* 1; = $\check{e}^{eo}$ (*tr*, *gr*): *iere, ier* 2, *iers* 1.

22. a^c nach unmittelb. vorherg. *i* = a^c nach unmittelb. vorherg. *j* (urspr. *ë*, franz. *i*) a^c nach mittelb. vorherg. *g* (franz. unmittelb. vorherg. *i*): *iez* 2: = ∞: *iel* 1.

23. a^o nach unmittelb. vorherg. *j* (*j* urspr. *ï* und mit vorherg. *p* verschmolzen zu franz. *ch*) = a^c nach unmittelb. vorherg. *ct* (franz. *ch*): *iez* 4; — (*j* urspr. *ï* und mit vorherg. *l* verschmolzen zu franz. *lj*) = a^c nach mittelb. vorherg. Gutt. (franz. *i* und mit nachfolg. *l* verschmolzen zu *lj*): *iez* 6; — (*j* urspr. *ï* od. *ë*, franz. an den Tonvokal attr. *i*) = ∞: *ier* 1, *iez* 5; — (*j* urspr. *bë*, franz. *i*) = a^c nach unmittelb. vorherg. *g* (franz. *i*): *iez* 1.

24. a^c nach unmittelb. vorherg. *g* = franz. *i* = a^o nach mittelb. vorherg. *i*: *iez* 8.

25. a^c nach mittelb. vorherg. *i* (franz. *i*) = a^o nach mittelb. vorherg. Gutt. (franz. *i*): *iez* 7 — (*i* verschmolzen mit vorherg. *d* od. *r* zu franz. palat. *g*) = ∞: *iet, iez* 3, *ierent*.

9) = franz. *ò*.

26. a + Gutt. + u = δ^o: *ot* [1]).

27. a + Lab. = u^{eo} (s. S. 64 Anm. 2): *orge*.

10) = franz. *ó*.

28. a vor Nas. + u = δ^c: *um* 1.

29. a + Lab. = δ^o, au^c (s. S. 64 Anm. 3): *oes* [2]).

30. a^o + u vor Nas. = a^o), *o, u* vor compl. Nas.: *unt*.

11) = franz. *òi*.

31. a^o = a + Lab. + u + attr. *i, au* + Gutt. od. sec. *j* (urspr. *di*): *oi*[4]).

12) = franz. *ou*.

32. a + Lab. der Imperfect-Endung = a + Lab. od. Gutt.[5]) + u, o^c + attr. u: *out*; = ∞: *ouent*.

33. a + Lab. + u = o^o + attr. u: *ourent*.

---

1) In *placuit*; vgl. S. 62 Anmerkung 6); neben *plot* begegnet *plout*.
2) In *gabatas*.
3) In *estunt*.
4) In *voi* (*vado*).
5) In *placuit*, s. Anmerkung 1.

Germ. *a*.

1) = franz. *a*.

34. a^e = lat. a^c (s. S. 56 Anm. 3): *ase*.

2) = franz. *ai*.

35. *u* vor *s* = lat. a^e + attr. *j* (urspr. *ë*): *aise*[1]).

3) = franz. *é*.

36. a^e = lat. a^c: *ef*[2]).

Lat. *e*.

1) = franz. *é*.

37. $\bar{e}^x$ = $\breve{e}^c$ (s. unten Anm. 4), a^e, a^{cc} *(tr)*: *ere*[3]).

38. $\breve{e}^x$ = a^c: *ert*[4]), *erent*[4]).

2) = franz. *è*.

39. e^{cc} = ae^{cc}: *erre, est* = i^{cc}: *ec, estre, es* = *a* + compl. Gutt. (s. S. 57 Anm. 1): *ermes*; = ∞: *èl, èle, ert, erte, erbe, ern, erne, este* 1, *estes, esset*.

3) = franz. *ë*.

40. e^{cc} = oe^{cc}: *ent*; = i^{cc}: *ent, ente* 2, *enz, enge*; = ∞: *endre, ente* 1, *engent* 1, 2, *ens*.

4) = franz. *ĩe*.

41. $\breve{e}^v$ = ∞: *ien*.

42. $\breve{e}^x$ = ae^c: *iel*; = ∞: *iement, ien, ies*.

43. $\breve{e}^{cc}$ *(tr, gr)* = a^e + attr. *i* der Endung *arium*: *iere, ier* 2, *iers* 1; = a^c nach unmittelb. vorherg. *j* (urspr. *i*, verschmolzen mit vorherg. *v* zu franz. *g* oder mit vorherg. *l* zu franz. *lj*): *ier* 2; = a^v nach unmittelb. vorherg. *c* (franz. *ch*): *iers* 1; = ∞: *iedre, ieres*.

5) = franz. *ei*[5]).

44. $\bar{e}^v$ = $\bar{e}^x$, *e* + *dj* (*j* urspr. *i*), $\bar{i}^v$, $\breve{i}^x$: *ei*.

45. $\bar{e}^v$ = *e* + compl. Gutt.[6]), $\bar{i}^v$: *eit* 2; = $\breve{i}^x$: *eient, eit* 2, *eil*; = i^{cc} *(cl, lj)*: *eil*; = ∞: *eit* 1, *eie, eis* 1, *eir, eirs*.

46. $\bar{e}^{cc}$ *(dr)* = $\breve{i}^{cc}$ *(tr, gr)*: *eidre, eire* 1.

47. $\bar{e}$ + sec. *j* (*j* urspr. *di, bë*) = $\bar{i}^v$: *eies*.

48. $\breve{e}^x$ + attr. *i* der Endung *eria* = $\bar{e}^x$: *eire* 2[7]).

49. *e* + compl. Gutt. *(ct)* = $\breve{i}^v$, *i* + compl. Gutt. (s. S. 61 Anm. 1): *eiz* 1[8]); — *(cs)* = i^v + attr. *j* (*ë*), $\breve{i}^{cc}$ *(ps)*: *eis* 2.

---

1) In *enbraise*, daneben begegnet *abrase*.
2) In *blef* (ahd *blao blaw*).
3) In dem gelehrten Worte *miserere*.
4) In den Imperfectformen von *esse*.
5) Vgl. S. 57 Anmerkung 1.
6) In *dreit* (*directum*), sonst ist *e*+*c* vor *t* = franz *i*.
7) In *mateire*, daneben *matire* (vgl. Rimarium : *ire*).
8) In *dreiz* (*directus*), vgl. Anmerkung 6.

6) = franz. *ein*¹).
50. $\bar{e}$ + Nas. = i + Gutt. + Nas. *ein*.

7) = franz *ein*.
51. $\bar{e}^c$ = a^c: *aine, eines*; = a^c + attr. j (urspr. $\ddot{\imath}$), $\bar{\imath}^c$, oe^c: *aine*.

8) = franz. *eu*.
52. $\breve{e}$ + u = ∞: *eu*.

9) = franz. *ea*.
53. e vor ll + s = i in gl. St.: *eals*.

10) = franz. *an*.
54. e^{ce} = a^{cc}: *ample*²).

11) = franz. *i*.
55. $\bar{e}^c$ nach unmittelb. vorherg. i = $\bar{\imath}^c$: *ite, ites*.
56. $\bar{e}^c$ nach unmittelb. vorherg. Gutt. (g)³) = $\bar{e}$ vor s^3), $\breve{e}$ + compl. Gutt. (x), $\bar{\imath}^c$, $\bar{\imath}^c$, $\bar{\imath}^c$, ae vor s: *is* 1; — (c) = $\bar{\imath}^c$: *ident*.
57. $\bar{e}$ vor einf. Palat. (c) = $\bar{e}^c$ + attr. j (urspr. $\ddot{\imath}$): *is* 2⁴); — (c, s)⁵) = $\bar{\imath}^c$, ae vor s, i + compl. Gutt., i^{cc} + i: *ist*.

58. $\bar{e}$ vor einf. Nas. + i = ∞: *int*⁶).
59. $\bar{e}$ (*$\breve{e}$) vor $n'r$ = ∞: *indrent*⁷).
60. $\bar{e}$ (*$\breve{e}$) vor s + attr. j (urspr. $\ddot{\imath}$) = $\bar{\imath}^c$, $\bar{\imath}^c$ + attr. j: *ise*.
61. $\bar{e}^c$ = $\bar{\imath}^c$, $\bar{\imath}^c$: *ie*⁸).
62. $\breve{e}$ + Gutt. (g) = e + compl. Gutt., $\bar{\imath}^c$, i + compl. Gutt.: *it*; — (c) = $\bar{\imath}^c$, $\bar{\imath}^c$: *i* 1 1; = $\bar{\imath}$ + Gutt.: *ie* 2.
63. $\breve{e}^c$ + attr. j (urspr. $\ddot{\imath}$) = $\bar{\imath}^c$, $\breve{o}$ + compl. Gutt. (*qu'r*, nach anl. *c*): *ire* 1; = $\bar{\imath}^c$: *ire* 2⁹).
64. e + compl. Gutt. (*ct*) = $\bar{\imath}^c$: *ites* 1, *iz* 2; = i + compl. Gutt.: *it, iz*; — (*c'r*) = $\bar{\imath}^c$, $\bar{\imath}^c$: *irent*¹⁰); — (*cs*) = $\bar{\imath}^{cc}$, y^{cc}: *istes*.
65. e + compl. Palat. (*c'r, s'r*) = $\bar{\imath}^{cc}$, ae vor $s'r$: *istrent*¹¹).

12) = franz. *iu*.
66. $\breve{e}$ + Gutt. + u = germ. $\breve{e}$ + h + u, $\breve{\imath}$ + u, ae + Gutt. + u, $\breve{o}$ + Gutt. + u (s. S. 63 Anm. 2): *iu*.

---

1) Vgl. S. 57 Anmerkung 1.
2) In *ensample (exemplum)*.
3) In *pais* (*pagensem*), *pris* (**pre[n]sum*).
4) In *fis (feci)*.
5) In *fist (fecit), prist* (**pre[n]sit*).
6) In *vint*.
7) In *vindrent, tindrent*.
8) In *crie* = lat. *crĕat*, contrahirt aus *criee*. Die Form begegnet gleichfalls im Oxf. Ps. CXXXIII, 4.
9) In *matire*, vgl. S. 59 Anmerkung 7.
10) In *firent*.
11) In *fistrent, pristrent*.

67. Germ. $\breve{e}$ vor h + attr. $u = \bar{\imath} + v$, $\bar{\imath} + u$, $o +$ Gutt. (s. S. 63 Anm. 2): *ius*.

Lat. *i*.

1) = franz *i*.

68. $\bar{\imath}^v = \bar{\imath}$: *i* 1, *ie*, *is*, 1; $= \bar{\imath}^{cc}$: *is* 1; $= \bar{e}$ vor *s* nach unmittelb. vorherg. *g*, *ae* vor *s*, *e* + compl. Gutt.: *is* 1; $= \breve{e}$ + Gutt.: *i* 1; $= \breve{e}^v$ (s. S. 60 Anm. 8): *ie*.

69. $\bar{\imath} = \bar{\imath}^c$: *il*, *in*, *irent*; $= \bar{\imath}$ + Gutt.: *iet* 1; $= \bar{\imath}$ + attr. *j*: *il*, *in*, *ise*; $= i$ + compl. Gutt.: *it*, *ist*; i^{cc} + *i*: *il*, *ist*; = germ. $\bar{\imath}$: *ive*, *ivent*; $= \bar{e}^v$ nach unmittelb. vorherg. *i*: *ite*, *ites* 2; $= \bar{e}^v$ nach unmittelb. vorherg. palat. *c*: *ient*; $= \breve{e}$ + Gutt.: *it*; $= \breve{e}^v$ + attr. *i*: *ire*, *ise*; $=$ *ae* vor *s*, $\bar{e}$ vor einf. palat. *c* od. *s* (s. S. 60 Anm. 5): *ist*; $= e$ + compl. Gutt.: *it*, *iz* 2, *ites* 1, *irent* (s. S. 60 Anm. 10); $= o$ + compl. Gutt. nach vorherg. anl. *c*: *ire*; $= \infty$: *id*, *i* 2, *ies*, *if*, *imes*, *ine*, *ines*, *ins*, *ir*.

70. $\bar{\imath}^{cc} = \breve{e}^v$ + attr. *j* (s. S. 60 Anm. 9): *ire*; $= e$ + compl. Gutt.: *istes*; $= \infty$: *ible*, *ibles*, *irt*, *ilz*, *isle*, *is*, *issent*, *isse*.

71. $\bar{\imath}$ + Gutt. $= \breve{e}$ + Gutt.: *ie* 2; $= \infty$: *iet* 2.

72. i + compl. Gutt. $= e$ + compl. Gutt.: *iz* $= \infty$: *igne*.

2) = franz. *iu*.

73. $\bar{\imath} + v = \bar{\imath}^v + u$, $\breve{e} +$ attr. *u*, $\breve{o}$ + Gutt. (s. S. 63 Anm. 2): *ius* 1.

74. $\bar{\imath} + u = \breve{e}$ od. *ae* + Gutt. $+ u$, $\breve{e}^v$ + attr. *u*, o + Gutt. $+ u$ (s. S. 63 Anm. 2): *iu*.

3) = franz. *ei*.

75. $\bar{\imath} = \bar{\imath}$, $\bar{e}^v$: *ei*, *eit* 2; $= \bar{e}^v$: *ei*; $= e$ + sec. *j* (*di*, *bë*): *ei*, *eies*; $= e$ + compl. Gutt. (s. S. 59 Anm. 6): *eit* 2.

76. $\bar{\imath} = i$ + compl. Gutt. (*ct*)[1]: *eiz* 1; — (*cl*, *lj*): *eil*; $= \bar{e}^v$: *eil*; $= e$ + compl. Gutt. (s. S. 59 Anm. 8): *eiz* 1; $= \infty$: *eid*, *eiz* 1.

77. $\bar{\imath}^{cc}$ (*tr*, *gr*) $= \bar{e}^{cc}$ (*dr*): *eire* 1. — (*br*, *pr*) $= \breve{o}^{cc}$ (*pr*) + attr. *j* (urspr. *ë*): *eivre*; — (*ps*, *vj*) $= e$ + compl. Gutt. (*cs*): *eis* 2.

78. i^c + attr *j* (urspr. *ï*) $= i$ + compl. Gutt.: *eille*.

4) = franz. *ein*[2]).

79. $\bar{\imath} = i$ + compl. Gutt. (*gn*): *eint* 1.

80. i + compl. Gutt. (*gn*) $= \bar{e}^v$: *ein*; — (*ng*) $= oe^c$: *eint* 2.

---

1) In *strictus*; sonst *i* + compl. Gutt. = franz. *i*.
2) Vgl. S. 57 Anmerkung 1.

5) = franz. ei„¹).

81. $i^c = i$ + compl. Gutt. (gn): eignet; = a + attr. sec. j (urspr. di): aindres; = a^c, a^c + attr. j (urspr. i), $\bar{e}^c$: aine; = oe^c: aine, eignet, einent, eines.

82. i + compl. Gutt. (ng) = oe^c: eignent; — (nct) = a in gl. St.: eintes.

6) = franz. è.

83. $i^{cc} = e^{cc}$: ec, es, estre; = o^c (s. S. 63 Anm. 1): es; = ∞: etent, ece, este 2.

7) = franz. è„.

84. i^c (sec. i^{cc}) = i^{cc}: emble.

85. $i^{cc} = e^{cc}$: ent, ente 2, ens, enge; = ∞: en.

8) = franz. ea͡.

86. i^{cc} ($ll + s$) = e in gl. St.: eals.

Lat. o.

1) = franz. ó.

87. $\delta^c = u^{cc}$: utent, ur, urs;

= a. vor Nas. + u: um 1; = u^c: un 2, uns, urs; = u^c + attr. i: ur, urs; = a + Lab. (s. S. 58 Anm. 2), au^c (s. S. 64 Anm. 3): oes; = ∞: us.

88. $o^{cc} = u^{cc}$: ulte²), unt, urn³), uste⁴); = a^c + attr. u vor Nas., a + compl. Nas. (s. S. 58 Anm. 3): unt.

2) = franz. ò.

89. $\delta^c = o^{cc}$⁵): ol, ole, olent, ols, ors; = au^c: ors; = a + Gutt. + u: ot.

90. $o^{cc} = au^c$: os 1, 2; = u^{cc} (s. S. 64 Anm. 1); ort 1, 2; = ∞: oche, oches, olt, orie, orde, orte, ortent, ortet, ors, orce, orcent, orbet, ost, osses.

3) = franz. ǒ.

91. δ^c = ∞: oet, ovent, oec, olt, one⁶).

4) = franz. ou.

92. δ^c + attr. u = a^c der.

---

1) Vgl. S. 57. Anmerkung 1.
2) In *estulte* (germ. *stolz*).
3) In *turn* und seinen Compositis.
4) In *custe* und *pentecuste*.
5) Vgl. Anmerkung 6.
6) Ob unser Dichter die Dipthongirung des δ^c gekannt hat, lässt sich nicht entscheiden. 14 mal reimt dieser Laut mit sich selbst, dagegen mit δ vor l in den stammbetonten Formen von *volo*, dem davon abgeleiteten subst. *vol* und vor r in dem Adverb. *fors (fŏris)*. Mit geschlossenem o (lat. $\bar{o}^c$) scheint es zu reimen in os (ŏpus) = cros (corrōsum = nfrz. *creux*). Doch ist diese von Diez aufgestellte Etymologie höchst unwahrscheinlich; vgl. G. Paris, Rom. X. S. 47 Anm. 2 und aus unserm Texte selbst die Schreibung creos 257. Neben den gewöhnlichen Schreibweisen o, oe, ue, eo zeigt die Londoner Handschrift auch die selteneren ou und oi (vgl. Foerster »Schicksale des lat. ŏ im Franz. Rom. stud. III, 185 und P. Neumann »Ueber die älteste

Imperfect-Endung: *out*; $=a$ + Lab. + *u*: *out, ourent*; $= a$ + Gutt. + *u*: *out*.

    5) $=$ franz. *ói*.

93. o^e + attr. $i = o^{ee}$ *(ll)* + attr. j (sec. *ï*): *uil*.

94. o + Nas. + Gutt. $= o$ + Nas. + j *(i)*: *uins, uines*; $= u^{ee} =$ attr. j *(i)*: *uin*.

95. o + Nas. + j *(i)* $= \infty$: *vine*.

    6) $=$ franz. *òi*.

96. o^e + attr. j (urspr. *c* der Combin. *sc*) $= au^e$ + attr. j: *ois*.

97. o^e + attr. j *(ë)* $= \infty$: *oile*.

    7) $=$ franz. *ui*.

98. o + *dj* (urspr. *di*) $= o$ + compl. Gutt. (*ct*); *uit* 1; $= u + i$: *ui*.

    8) $=$ franz. *e*.

99. $o^{e\,1)} = i^{ee}$: *es*.

    9) $=$ franz. *ei*.

100. $\breve{o}^{ee}$ *(pr)* + attr. j *(i)* $= \bar{\imath}^{ee}$ *(br, pr)*: *eivre*.

    10) $=$ franz. *iu*.

101. $\breve{o}$ + Gutt.³) $= \bar{\imath}$ + Lab.: *ius* 1, *i* + *u*: *iu, ius* 1; $= \breve{e}$ od. *ae* + Gutt. + *u*, $\breve{e}$ + attr. *u*: *iu*; $= \infty$: *ius* 2.

    11) $=$ franz. *i*.

102. $\breve{o}$ + Gutt., nach vorherg. anl. $c = \bar{\imath}^e$, $\breve{e}^e$ + attr. j *(i)*: *ire*.

    Lat. *u*.

    1) $=$ franz, *u(ó?)*³).

103. $\bar{u}^e = \infty$: *u*.

104. $\bar{u}^e = \bar{u}^e + i$: *ud*; $= \infty$: *uent, uz, ues, ue, une, ur, ure, urs, usent*.

105. $\bar{u}^{ee} = \infty$: *ustes*.

    2) $=$ franz. *ui*.

106. $\bar{u}$ + Gutt. $= \breve{u}$ + Gutt., *u* + compl. Gutt., u^{ee} + attr. *i*: *uit* 2.

Version des dem Bischof Marbod zugeschriebenen Lapidaire, Diss. Breslau 1880). So findet sich *oi* in *poit* 1386, *poient* 979, 1782 etc., ferner *ou* in *estout* (*stopet) 179, 246, 526, 587, 1048, 1112, *pout* 254, *commout* 1047 und scheint sogar gesichert zu sein durch den Reim *estout* = *plout* (*placuit*) 304/03, wo indess wohl *plout* durch die allerdings sonst aus den Reimen nicht belegbare Nebenform auf *ot* (aus dem Innern vgl. *ot* = *habuit* 103) ersetzt werden darf.

1) In dem Pronomen *les* (*illos).
2) In *locus*.
3) Lat. $\bar{u}$ ($\bar{u}+i$) reimt zwar meistens mit sich selbst, aber auch mit $\breve{u}_c$ und $\bar{o}^c$ (= franz. *ó*), s. unten lat. *u* = franz. *ó*. Neben 41 Bindungen ersterer Art begegnet der letztere Fall 12mal, was die Annahme nahe legt, dass unser Dichter die Unterscheidung von *u* = franz. *u* und *u* = franz. *ó* nicht kennt und daher auch in den übrigen nicht dagegen sprechenden Fällen ein *ó* anzunehmen ist.

107. $\breve{u}^v + i = \breve{o} + dj$ (urspr. *di*) *ui*.

108. $u +$ compl. Gutt. $= \infty$: *uite*.

109. u vor compl. Nas. $+$ attr. j (*i*) $= o +$ Nas. $+$ Gutt.: *uin*.

    3) = franz. *ou*.

110. $\breve{u}^v = \infty$: *ous*.

    4) = franz. *ó*.

111. $\bar{u}^c = \breve{u}^v$: *ues*; $= \breve{u}^c +$ attr. j (*i*): *urs*; $= u^{cc}$: *uz* 2; $= \breve{o}^c$: *un* 2, *uns*, *urs*.

112. $\breve{u}^v + i = \bar{u}^v$: *umes*.

113. $\breve{u}^c +$ attr. $j = \breve{u} +$ palat. c: *uz* 1; $= \breve{o}^v$: *ur*.

114. $u^{cc} = \breve{o}^v$: *utent*; $= \breve{o}^{cc}$ (s. S. 62 Anm. 4): *uste*; $= o^{cc}$ (s. S. 62 Anm. 2, 3): *ulte*, *urn*; $= \infty$: *ute*, *uble*, *unc*, *unde*, *undes*, *unce*, *urz*, *urses*.

    5) = franz. *ò*.

115. $u^{cc} = o^{cc}$: *ort* [1]); $= a +$ Lab.: *orge* [2]); $= ?$: *ote*.

b) Diphtonge.

Lat. *ae*.

1) = franz. *è*.

116. $ae^{cc} = e^{cc}$: *erre*, *est*.

2) = franz. *i*.

117. *ae* vor $s = \bar{i}^{v, cc}$: *is* 1; $= \bar{i}^v$: *is* 1, *ist*, $i +$ compl. Gutt., i^∞ + attr. i: *ist*; $= \bar{e}$ vor s nach unmittelb. vorherg. Gutt., $\breve{e} +$ compl. Gutt.: *is* 1; $= \bar{e}$ vor s od. palat. c (s. S. 60 Anm. 4, 5): *is* 1, *ist*.

118. ae^{cc} (s'r) $= \bar{i}^{cc}$, $\bar{e}^{cc}$ (*cr*, *sr* s. S. 60 Anm. 11): *istrent*.

    3) = franz. *iu*.

119. *ae* + Gutt. $+ u$, nach unmittelb. vorherg. anl. $c = \bar{\imath} + u$, $\breve{e} +$ Gutt. $+ u$, $\breve{o} +$ Gutt. (s. S. 63 Anm. 2): *iu*.

Lat. *au*.

1) = franz. *ó*.

120. $au^v = \breve{o}^v$, $a +$ Lab. (s. S. 58 Anm. 2): *oes* [3]).

2) = franz. *ò*.

121. $au^v = o^{cc}$: *ors*, *os*; $= \breve{o}^v$: *ors*; $= \infty$: *or*, *ose*.

3) = franz. *oi*.

122. $au +$ Gutt. $= au +$ sec. $j(di)$: *oi*, *oie*; $= a +$ Lab. $+ u +$ attr. *i*, a^c (s. S. 58 Anm. 4): *oi*.

123. $au^v +$ attr. $j = o +$ Gutt. der Combin. *sc*: *ois*.

124. $au +$ sec. $j(dj) = \infty$: *oient*.

Lat. *oe*.

1) = franz. *è*.

125. $oe^{cc} = \breve{e}^{cc}$, i^{cc}: *ent*.

---

1) In *resurt* (*resurgit*) und *gort* (*gurgitem*).
2) In *gorge* (*gurgitem*).
3) In *coes* (*caudas*).

2) = franz. *ein*[1]).

126. *oe^e* = *a^e*, *a^e* + attr. *j(i)*, *ẽ*: *aine*; = *ĩ^e*: *aine, eines, einet, einent*, = *i* + compl. Gutt. (*gn, ng*): *einet, einent*.

3) = franz. *ein*[1]).

127. *oe^e* = *i* + compl. Gutt. (*ng*): *eint*.

Lat. *ui*.
= franz. *ui*.

128. *ui^e* = *u* + *i*, *õ* + sec. *j (di)*: *ui*.

Germ. *iu*.
= franz. *i*.

129. *iu^e* = lat. *ĩ^e*: *ive, ivent*.

B. Unbetonte Vocale.

a) nachtonige Vocale.

α) in drittletzter Silbe.
= franz. o.

130. *i* = o: *isle*.

β) in vorletzter Silbe.

1) im Franz. verschmolzen mit dem vorherg. Consonanten od. attrahirt an den Tonvocal.

131. *e^e* s. Consonantismus *j*. — s. lat. *a* = franz. *ai* (: *air*).

132. *i^e* s. Consonantismus *j*. — Vgl. lat. *a* = franz. *ai* (: *ai* 2).

133. *u^e* s. Consonantismus *v*. — Vgl. lat. *a* = franz. *ò* (:*ot*) = franz. *ou* (:*ourent, out*).

2) = franz. o.

134. *a* = o: *odes, uines*.

135. *e* = o: *aindre, eidre, estre, eivre, ire, irent*; = *i*: *aire, aistre*, = *y*: *estre* = ∞: *endre, indrent, istrent, ourent*.

136. *i* = o: *alte, alz, ame, ames* 2, *anz* 2, *ent, erte, etent, in, irt, orcent, orde, ort* 2, *oste, uble, uite, ute, utent*; = o: *ables*; = *u*: *uble*; = ∞: *ante* 2, *ente* 2, *ermes, ible, ibles*.

137. *o* = o: *emble*; = ∞: *arbre*.

138. *u* = o: *aie, eil, eilz, eille, il, orte*; = ∞: *ilz, isle*.

γ) in letzter Silbe.

1) = franz. *e*.

139. *a* = *e*: *ue* (*nubem*), *ues* (*nubes*); = *u*: *ase* (*grisopasum*), *ate* (*pilatum*), *ite* (*quictum*), *ites* 2 (*quietus*); = Stützvocal s. 148; = ∞: *acet, aile, aines, aintes, airent, aise, aite, alte, ame, ames* 2, *ance, anche, ande, andes, ante* 1, *arge, argent, arget, asse,*

---

1) Vgl. S. 57 Anm. 1.
2) Ueber die facultative Verstummung des nachtonigen *e* s. S. 71.

asset, ece, ède, èdes, eie, eies, eille, einet, einent, eines, eire 2, *ele, enge, ente* 2, *erbe, ermes, erne, erte, esset* 1, *este* 1, 2, *estes, ieres, ies, iet, ine, ines, isle, istes* 1, *ites* 1, *ive, ivent, oche, oches, odes, oie, oile, oine, ole, orbet, orce, orcent, orde, orie, orte, ortet, ose, osses, otet, ouent, ude, udent, uite, ulte, unde, une, ure, urses, usent, uste, ute, utent*.

140. *e* = Stützvokal s. 149. — s. Verbalflexion.

2) im Franz. attrahirt an den Tonvokal.

141. *i*, vgl. lat. *o* = franz. *ui* (: *uil*), lat. *u* = franz. *u* (: *ud*) = franz. *ui* (: *uit*).

142. *u*, vgl. lat. *a* = franz. *ó*, lat. *e* = franz. *eu*, lat. *e, i, o, ae* = franz. *iu* (: *iu, ius*).

3) = franz. ○.

143. *a*¹) = *e*: *ert, ait* 1, *eit* 2, = *i*: *ait* 1, *eit* 2, *out*; = *u*: *eit* 2; = ∞: *eit* 1.

144. *e* = ○: *a, eis* 2, *ès, i* 1, *iel* 2, *ien* 1, *is* 1, *iu, unt*; = *i*: *ain, aist, alt, ant, art, ei, eid, eil, eint* 2, *ent, et, i* 1, *il, in, is* 1, *olt* 1, *ort* 1, *ot, ud, unt, ur* I, *urs* II; = *o*: *aim, als, ant, eirs, ent, ens, i* 1, *is* 1, *us* II; = *u*: *ain, ais, al, ant, ans, art, ast, ef, ei, eil, eir, eis* 1, 2, *eis* 1, *él, en, ent, ès, et, iél, ier* 2, *if, il, in, ir, irt, ort* 2, *òs* 2, *ost, ud, ui, uin, un* 1, *uns, unt, ur* I, *urs* I, *ens, us* I, 1, *us* II; = ∞: *ans* 1, *as* 1, *eint* 1, *eis* 2, *éls, ér, ier* 1, *iet* 1, *oet, ors, uit* 1.

145. *i* = ○: *uit* 2, *us* I, 1; = *o*: *es, ies* 4, *ins*; = *u*: *ern, es, id, ins, is* 2, *it, un* 2; = ∞: *èl* 2, *ies* 1, 2, 3, *int, ist, oi, olt* 2, *ors, us* I, 2.

146. *o* = ○: *ius* 1, *oec, ous*; = *u*: *eals, i* 2, *iers* 1, 2, *uins* = ∞: *ai* 1, *álz, us* 2, *ies* 5, 6, *ilz, is* 1, *urs, us* I, 2, *us* I, 2.

147. *u* = ○: *est, òs* 1, *uil, uit* 2, *unc, us* I, 1; = ∞: *ains, ains, ait* 2, *an, ec, eilj, ein, èl* 1, *ens, ert, ien* 2, *iet, ies* 7, 8, *is* 2, *ois, ol, ols, or, òs*, 3, *ur* II, *urn, urs* II, *us* II.

148. Stützvokal = *a*: *ace, age, ise, unce* 1, *eire* 1, *estre, iere, emble, uble, ample, orge, iere, erre, oste, aspes* und vielleicht: *one* (vgl. S. 46 Anm. 2) = *e* eines gelehrten Wortes: *ere*; = ∞: *aindre, aindres, edre, edres, eidre, endre, iedre, aistre, atre, avie, ables, ible, ibles; arbre, eivre, igne, aire, aigres, uines*(?), *ustes* und wohl auch *ames, imes, umes*.

---

1) Nur in Verbalformen, Näheres s. Verbalflexion.

b) vortonige Vokale.
Einfache Laute.

Lat. a.

α) in erster Silbe.

1) = franz a.

149) $a^e = a^{ee}$, a des Artikels *la*: *al*; = a^e in II. Silbe: a; = $\check{r}$: *am* = ∞: *at, av*.

150. $a^{ee} = a$ der Praeposition *par*: *arm*; = e^{ee}: *ar*; = ∞: *ab, avr, ach, alf, and, ant, ard, art, arg, ass*.

2) = franz. $\dot{e}i$.

151. a + Gutt. = a + sec. j (urspr. $b\ddot{e}$): *ai*.

152. a^e + attr. j ($\ddot{e}$ od. $\ddot{i}$) = a vor *ll*: *ail*; = a^{ee} (*ns*) + attr. j ($\ddot{i}$), e + compl. Gutt. (*cs*), i^{cc} (*sc*) + attr. j ($\ddot{i}$), a in gl. St. in II. Silbe: *eis*; = ∞: *ais*.

153. a^e + sec. j ($d\ddot{i}$) = $\check{e}^e$ attr. j ($\ddot{i}$): *eign*.

154. a + compl. Gutt. = germ. ai: *ait*.

3) = franz. o.

155. a + Lab. = au^e: o 1.

4) = franz. $\widehat{ou}$.

156. a + Lab. + u = ∞: *ous*.

β) in anderer Silbe.

1) = franz. a.

157. $a^e = a^{ee}$ in I. Silbe: *al*; = a^e in I. Silbe: *a*.

158. $a^{ee} = \infty$: *alm*.

2) = franz. e.

159. $a^e = e^e$, i^e: *em*; = ∞: *ed* 2, *er* 1.

160. $a^{ee} = i^{ee}$: *ert*.

3) = franz. ei.

161. a^e + attr. j ($\ddot{i}$) = i + compl. Gutt.: *eil*; e + compl. Gutt., i^{cc} (*sc*) + attr. j, a in I. Silbe in gl, St.: *eis*.

4) = franz. o.

162. $a = e$: *urr*.

Lat. e.

α) in erster Silbe.

1) = franz. e.

163. $\check{e}^e = \check{e}^e$: *en, er* 3; = e^{ee}: *el, er* 3; = ausl. Stützvokal: *en*; = $\check{r}$: e 2, *en, ev*; = i^{ee} (*gn*): *en*; = ae^e: *ed* 1; = oe^e: *en*.

164. $\check{e}^e = \bar{o}^e$: e 1; = $\check{r}$, germ. eo^e: $e[d]$ 3.

165. $e^{ee} = e$ der Präposition *en*: *end*; = ay^e in II. Silbe: *er* 2; = i^{ee} (*dr. tr; pr*): *err* 1, 2, *evr*; = u^{ee} in II. Silbe: *ent* 2; = ∞: *eg, endr, ent* 1.

2) = franz. ei.

166. $\check{e}^e$ + attr. j ($\ddot{i}$) = a^e + sec. j (urspr. $d\ddot{i}$): *eign*.

167. e + compl. Gutt. = a^e + attr. j ($\ddot{i}$), i^{cc} (*sc*) + attr. j ($\ddot{i}$): *eis*.

3) = franz. *i*.

168. Germ. $ê^e$ = germ. e^{ee} : *ir* 1.

169. $ĕ$ + Gutt. = $ĭ$ in II. Silbe, o + compl. Gutt. nach. unmittelb. vorherg. anl. *c*: *i* 1.

4) = franz. *a*.

170. e^{ec} = a^{ec}: *ar*.

5) = franz. *o*.

171. $ĕ$ = $r̆^e$: *o* 2.

β) in anderer Silbe.

1) = franz. *e*.

172. e^e = a^e, i^e: *em*.

173. e^{ee} = ae^{ee} in I. Silbe, prothetischem *e*: *est* 1; = *e* des Artikels *les*: *est* 2.

2) = franz. *i*.

174. e^{ee} ($d't$) = i^e: *it*.

3) verschmolzen mit dem vorherg. Conson. oder Vokal.

175. $ë$ s. Consonantismus *j*.

4) = franz. ○.

176. e = ○: *er* 2, *err* 2; = a: *urr*; = ∞: *alf*, *avr*, *endr*, *er*, *err* 1, *evr*, *urr*.

Lat. *ĭ*.

α) in erster Silbe.

1) = franz. *i*.

177. $r̆^e$ = $r̆^e$: *in*; = $ĭ$ + Gutt.: *i* 2; = ∞: *iv*, *ir* 2.

2) = franz. *e*.

178. $r̆^e$ = $ē^e$: *e* 2, *ev*; = $ĕ$, germ. eo^e: *ed* 3.

179. i^{ee} = ausl. Stützvokal:

en; = e^{ce}: *err*, *evr*; = $ē$, oe^e, $ĕ$, $r̆^e$: *en* = a^{cc} in II. Silbe: *ert*.

3) = franz. *ei*.

180. $r̆^e$ = $r̆^e$: *ei*.

181. i + compl. Gutt. = i^{ce} (*sc*) + attr. *j* (*i*), a^e + attr. *j* (*i*) in I. und II. Silbe, *e* + compl. Gutt.: *eis*.

4) = franz. *a*.

182. i^e = *a* des Artikels *la*: *an*; = a^e: *am*.

5) = franz. *o*.

183. $r̆^e$ = $ĕ$: *o* 2.

6) = franz. ○.

184. Anl. *i* = ○: *al*.

β) in anderer Silbe.

1) = franz. *i*.

185. $r̆^{(v)}$ = $ĭ$ + Gutt. in I. Silbe, o + compl. Gutt. nach vorherg. anl. *c* in I. Silbe: *i* 1.

186. i^e = e^{ce} ($d't$): *it*.

187. i + compl. Gutt. = a^e + attr. *j* (*i*): *eil*.

188. i^e + attr. *j* (*i*) = ∞: *eill*.

189. i^{ce} (*sc*) = ∞: *is*.

2) = franz. *e*.

190. i^e = a^e, e^e: *em* 1; ∞: *em* 2.

3) verschmolzen mit dem vorherg. Conson. oder Vokal.

191. $ï$ s. Consonantismus *j*.

4) = franz. ○.

192. *i* = ○: *ant*, *art*, *ent* 2,

i, ir 2, *it, um* II, *ut;* == *u: ull, unt;* == ∞: *alm, ert, ous, unc.*

Lat. *o*.
α) in erster Silbe.
  1) == franz *ò*.
193. $o^e = o^{ee}$: *ol*.
194. o^{ee} == ∞: *ort*.

  2) == franz. *ó*.
195. $\breve{o}^e = \breve{o}^e, u^{ee}, \bar{u}^e$ in II. Silbe: *ur;* == $\breve{o}^e$ in II. Silbe: *un;* == $\breve{o}^e$ in II. Silbe: *ur;* == ∞: *ul*.
196. $\breve{o}^e = o^{ee}$: (*mm*): *um* I; == $\bar{u}^e$: *u*.
197. $o^{ee} = u^{ee}$: *urn, urr;* == ∞: *unc, unt*.

  3) == franz. *ói*.
198. o^{ee} (*ns*) + attr. *j* (*i*) == $\bar{u}^e$ + attr. *j* (*i*): *uis*.

  4) == franz. *ui*.
199. $\breve{o}$ + sec. *j* (urspr. *di*) == $\breve{u}$ + sec. *j* (urspr. *vi*): *ui*.

  5) == franz. *é*.
200. $\breve{o}^e = \breve{e}^e$: *e* 1.

  6) == franz. *i*.
201. $\breve{o}$+compl. Gutt., nach anl. $c = i^e$ in II. Silbe, $\breve{o}$ + Gutt.: *i* 1.

β) in andrer Silbe.
  1) == franz. *ó*.
202. $\breve{o}^e = \breve{o}^e$ in I. Silbe: *un*.
203. $\breve{o}^e = \breve{o}^e$ in I. Silbe, $\bar{u}_e$ in II. Silbe, u^{ee} in I. Silbe: *ur*.

  2) == franz. *e*.
204. $o^e = e$ der Praeposition *de: ed*.

Lat. *u*.
α) in erster Silbe.
  1) == franz. *u (ó?)*.
205. $\bar{u}^e = \bar{u}^{ee}$: *um* II; == ∞: *ud, us*.

  2) == franz. *iu*.
206. $\breve{u}$ + sec. *j* (*vi*) == $\breve{o}$ + sec. *j* (*di*) *ui*.

  3) == franz. *ói*.
207. $\bar{u}^e$ + attr. *j* (*i*) == o^{ee} (*ns*) + attr. *j* (*i*): *uis*.

  4) == franz. *ó*.
208. $\bar{u}^e = \breve{o}^e$: *u*.
209. $\breve{u}$ + i^{ee} (*ll*) == u^{ee}: *ull*.
210. $u^{ee} = \breve{o}^e$: *ut, ur;* == $\breve{o}^e$, $\bar{u}^e$ in II. Silbe: *ur;* == o^{ee}: *urn, urr*.

  5) == franz. *e*.
211. $u^{ee} = e$ des Artikels *le: ej*.

β) in andrer Silbe.
  1) == franz. *ó*.
212. $\bar{u}^e = u^{ee}$ in I. Silbe, $\breve{o}^e$ in I. Silbe, $\breve{o}^e$ in I. und II. Silbe: *ur*.

  2) == franz. *e*.
213. $u^{ee} = e^{ee}$: *ent*.

  3) attrahiert an den vorherg. Vocal.
214. *ü* s. Lat. *a* == franz. *ou*.

  4) == franz. ○.
215. *u* == ○: *eil* == *i: ull, unt*.

c) vortonige Diphtonge.

Lat. **ae** = franz. **e**.
216. $ae^c = \bar{e}^c$: *ed* 1.
219. $ae^{cc} = e^{cc}$, prothetischem *e*: *est*.

Lat. **ay** = franz. **e**.
218. ay^c in II. Silbe = e^{cc}: *er* 1.

Germ. **ai (ei)** = franz. **ai**.
219. $ai^s = a + $ compl. Gutt.: *ait*.

Lat. **au** = franz. **o**.
220. $au^v = a + $ Lab.: *o* 1; $= \infty$: *od, os*.

Germ. **eo** = franz. **e**.
221. $eo^{ov} = \bar{e}^v$, $\check{v}^c$: *ed* 3.

Lat. **oe** = franz. **e**.
222. $oe^c = $ ausl. Stützvokal, $\bar{e}^v$, $\check{e}^c$, $\check{v}^c$, i^{ce}: *en*.

Zum Schlusse verdient hier von den tonlosen Vokalen noch *e* eine weitere Betrachtung. Es handelt sich um die Frage, ob bereits in der Sprache unseres Dichters franz. tonloses *e* seinen Silbenwerth einbüssen konnte oder nicht. Diese Frage ist meines Erachtens zu bejahen. Auch Vising hat sich S. 70 in demselben Sinne entschieden, doch keineswegs das ganze hierbei zu berücksichtigende Material zur Kenntniss gebracht.

Durch *L* und *P* gemeinsam gestützte Belege sind selten; doch glaube ich wegen der untergeordneten Stellung, die, wie oben gezeigt ist, *P* gegenüber *L* einnimmt, auch in denjenigen Fällen am besten eine Verstummung annehmen zu müssen, wo 1) dieselbe sich aus *L* mehrfach belegen lässt, 2) in *P* durch Aussprache dieses *e* ein weiblicher Vers um eine Silbe erweitert wird, im Uebrigen aber mit *L* übereinstimmt, 3) *P* von *L* so weit abweicht, dass auf Grund von *P* eine Korrektur nicht leicht vorgenommen werden kann 4) *P* fehlt, *L* aber eine korrekte Lesart bietet, die einer bequemen Aenderung Widerstand leistet.

1) Verstummung von vortonigem *e*.

223. a) vor Vokalen: in dem Subst. *ees* (L *ethes*) 1592 (P *eës*, wodurch der weibl Vers achtsilbig wird) und der Verbalform *ralat* 952, 1552 (P f.). Dagegen lassen sich leicht beseitigen *crature* 513 durch Tilgung von *de* (vgl. P *Se tu es la' deu crëature*), *abeie* 693 durch Auslassung von *les* (P *meinent dedens lur abeïe*), *feimes* 470 durch Tilgung von *nus* (P *sor qui feimes nostre feste*) und ferner auch, doch ohne sich hierbei auf P, wo diese Verse fehlen, stützen zu können, *juine* 132, *junum* 133 durch Auslassung von *que* bezw. *e*.

224. b) zwischen Consonanten: α) in den Subst. *refrigerie* 1461 (P fünfsilbig, wodurch der weibl. Vers achtsilbig wird) und *pelerin* 854 (P *marin*), (welches dagegen dreisilbig gesichert vorkommt in 720, 917, 1097, 1666) während statt *enfermetet* 739 mit P *enfertet* gelesen und für *jurement* 1560 durch Tilgung von *se* leicht Dreisilbigkeit hergestellt werden könnte.

225. β) in den Adjectiven: *entrines* 684 (P viersilbig, wodurch der weibl. Vers achtsilbig wird). *entrins* 812 (P *un .. deus treis entrins*), 1677 (P *enterins* wodurch der weibl. Vers achtsilbig wird).

226. γ) in den Verbalformen: zunächst, wie gewöhnlich in den Lautgruppen *rer* und *ner*, *demurrai* 863 (= *succurrai*), *menrai* 1786, *menrat* 1599, aber auch in *truverai* 433 (P dreisilbig ohne verherg. *la*), 584 (P dreisilbig ohne vorherg. *jo*), *truvrat* 246 (P. *trouera que*), 412 (P *trouera* ohne *lur*) 1766 (P *troevent*); ferner in *estrat* 1759 (P *iluec est* st. *ci estrat*), *estrez* 588 (P *estuet*), *estreit* 615 (P *seroit*) 859 (P *... esteres un poi*) 1068 (P *estoit*) *estreient* 618 (P *il seront*), *fras* 426 (P *t. f. d. i. feras*), 1040 (P *fas*), 1597 (P *. iras u ton .*), *frat* 367 (P *nares* st. *nen frat*), 1560 (P f.), 1627, *freiz* 551 (P *e .. feres*) 874 (vgl. P *.. sept . feres vo* [st. *freiz vostre*] *.*), 877 (P *feres*, wodurch der Vers eine Silbe zu viel erhält) 879 (P *feres*, wodurch der weibliche Vers achtsilbig wird). *Entras* 425 (P *esteras*) lässt sich dagegen durch Elision des ausl. *e* in *isle* leicht in *entreras* verwandeln. Nur scheinbar begegnet eine solche Verstummung in Fällen wie *muueras* 777, *muuerum* 392, *muuerez* 768, *liuerat* 603 *liuerez* 1286, *auerez* 227, 558, wo *e* nur zur Bezeichnung der consonantischen Aussprache dient und von jeher stumm gewesen ist.

3) Verstummung von nachtonigen *e*.

227. 1 im Inlaut: a) nach Vocalen: *aient* 650 (P *.... nos veons*) *fuireient* 914 (vgl. P), *veient* 982 (P *. grant . la t. p.*), während eine solche Verstummung nur scheinbar vorliegt in *veient* 741, 930 (l. *arage* st. *urge*), 1716, wo das erste *e* wohl nur zur Bezeichnung der consonantischen Aussprache des vorhergehenden *u* dient, wie in *ueint*=*vint* 211, 779, 903, 905, *ueinc*=*vinc* 1427 etc.

228. b) zwischen Consonanten: in den Subst. *vitaves* (P dreisilbig, wodurch der weibliche Vers achtsilbig wird) 586, 862; in den Adjectiven *fals* (sc. *honurs*) 28 (P *falses .. ueires*); *veirs* (sc. *honurs*) 28 (P *. falses .. les ueires* wodurch der Vers achtsilbig weiblich wird), *bons* (sc. *murs* = *mōres*) 76 (P f.), *tanz* (sc. *dolurs*) 1440 (P *tes*), *tuz* (sc. *dolurs*) 1538 (P *pechies* st. *dolurs*), *delicius* (sc. *arbres e flurs*) 1737; *precius* (sc. *udurs*) 1738. 465, 685, 1310, 1462 sind dagegen durch P leicht zu berichtigen.

229. II im Auslaut: in den Subst. *ur (hora)* 1768 (P zweisilbig, wodurch der weibliche Vers achtsilbig wird) 844 (vgl. P; P zweisilbig, wodurch der weibl. Vers achtsilbig wird), *suatume* 1742 (vgl. P; P viersilbig, wodurch der weibliche Vers achtsilbig wird), in den Adjectiven *blanc* (sc. *tacelede*) 492; *un* (sc. *tref*) 826. 1093. Bei Verben scheint eine solche Verstummung zu begegnen in *portet* 1027, *deportet* 1308, doch lässt sich leicht der Silbenwerth herstellen durch Tilgung von *sen* in 1027 (P *vait li draguns od sa* .) und durch Ersatz von *ici* durch *ci* in 1308 (P *cest li depors de* . . .) *Cume* lässt sich leicht und ohne Bedenken durch *cum* ersetzen.

230. Von Reimen beweisen eine solche Verstummung des tonlosen *e* nur: *eirs (heres)*: *veirs* (sc. *honurs*) 27/28 (P *oires*: *voires*) und vielleicht 679/80 vgl. S 41 Anm. 2). In 311/12 denkt Vising irrthümlich an eine solche Verstummung.

II. Consonantismus.
A. Nach dem Tonvokal.
I. Dentalen.

Lat. *d.*

1) = franz. *d.*

231. °*d*° = °*t*° (s. S. 74 Anm. 2): *ardent*; = ∞: *ande, andent, andes, unde, undes, orde.*

234. °*d*° = ∞: *endre.*

2) = franz. ð¹).

233. °*d*° = °*t*°: *ident, odes.*

234. °*d*° (vor *r*) = *t* in gl. St.: *eidre.*

235. °*d*° = *t* in gl. St.: *eid, ud,* = *t*° (s. S. 74 Anm. 4): *ud.*

3) = franz. *t.*

236. °*d*° = *t* in gl. St., °*d* + *t*°: *ant, ent, art.*

4) = franz. *v.*

237. °*d*° = °*p*°: *avie²*).

5) = franz. *c.*

238. °*d*° = °*c*°: *unc*³).

---

¹) So bezeichne ich die Mittelstufe zwischen der ursprünglichen Festigkeit und der späteren völligen Verstummung der lat. intervokalen, in den franz. Auslaut getretenen Dentalis und setze diese überall da an, wo nicht Reime, welche deutlich den Schwund beweisen, mich daran hindern.
²) In *glavie (gladium).*
³) In *sulunc (secundum).*

239. °d° = ○: ait, unt, i 1;
= °b°: eient, unt; = °c°: unt;
= ʳc°, °c'°, °v°, °t'°: i 1.
240. °d° (vor r) = ○: irent;
= t, g in gl. St.: eire 1.
241. °d'° = ○: ei; = ʳc°:
a; = °c'°: i 2; = °g°, °t°: ei.
242. °d'° = ○: en ¹).

Lat. **d + t.**
= franz. *t.*
243. °d + t° = t°: eit 2; =
ʳt° (nach zu i aufgelöstem Gutt.):
it; = ʳt'° (nach zu i aufgel. c):
eit 2, it; = °Lab. + t°: eit 2;
= ʳt'° (s. unten Anm. 3): it.
244. ʳd + t° = ʳt°: ente, erte.
245. ʳd + t° = ʳt°: unt; =
ʳt°: ant, ent, unt, art; = ʳd'°:
ant, ent, art; = ʳt + t°: ent, art.

Lat. **dj** (j = urspr. ĕ, ĭ).
1) = franz. palat. *g.*
246. ʳdj = °ë, °i (nach n, r):
enge, engent, arge, arget, argent.
2) = franz. *i,* verschm. m. vorherg. Tonvok.
247. s. a = franz. *ai, e* = franz. *ei, o* = franz. *ui, au* = franz. *oi.*

Lat. **d + s** = franz. **z.**
248. °d + s° = palat. °c'°:
eiz 2; = ʳt + s°: iz 2.
249. ʳd + s° = palat. ʳc'°:
anz 2; = ʳt + s°, ʳn (nach
n, r) + s: anz 1, urz; = s
nach lj: alz.

Lat. **ndj** s. **n.**
Unorganisches *d.*
250. eingeschoben zwischen
n-r; angere = -andior: aindre;
-ĭnor + s = -andior + s:
aindres; -ĕnerunt = ∞: indrent.

Lat. **t.**
1) = franz. *t.*
251. ʳt ²) = ʳt (nach aufgel. Gutt.): ites 1, aite; = ʳtt°: ate;
= ∞: ite, ites 2.
252. ʳt° = ʳtt°: atre.
253. ʳt = ʳtt°: etent; = ʳd
+ t: ente 2, erte, = ∞: uite,
alte, ulte, ante, eintes, ente 1,
orte, ortet, ortent, este, estes,
istes, oste, uste.
254. ʳt° = unorgan. *t:* uistre,
estre.
255. ʳt'° ³) = ʳt'°: ait 1, it
= t°: ait 1, = ʳt°: it.

---

1) In *en* (*inde*).
2) I dem Worte *dehaite*, welches germ. Urspr. ist, in den gelehrten Wörtern *pilate, grisolites, hermites, quites*, in denen auch im Nfrz. die intervokale Dentalis noch lautet und in dem Worte *vite*, wofür jedoch daneben *vie* gesichert ist.
3) In Wörtern, in denen noch im Nfrz. die Dentalis graphisch erhalten ist (*hait, dehait, habit*); im Uebr. vgl. t = δ und t = ○.

256. °t'° = t°: eit 2, uit 1, 2, alt, unt, irt, ort 1, ast, est, ist; = °tt'°: uit 2; = °t + t°: ent, art, ort 1; = °d + t°: unt, ent, art : + °d'°: ant, ent, art; = ∞: ait 2, ert, ort 2.

257. t° = ∞: at, eit 1, oet, ot, out, olt 1, 2, andent, argent, eient, einent, eint 1, 2, engent 1, 2, erent, etent, int, irent 1, 2, issent, istrent, ivent, oient, olent, orcent, ortent, ouent, ourent, ovent, utent, usent, utent, ert¹), aist 1, 2.

2) = franz. d.

258. °t° (nach r) = d in gl. St.: ardent²).

3) = franz. ð°).

259. °t° = °d°: ident, odes; = ∞: ede, edes, ude, udent.

260. °t° (vor r) = d in gl. St.: eidre; = ∞: edres, iedre.

261. °t'° = t°⁴): ud; = °d'°: eid, ud; = ∞: et, iet, it.

262. °t° (in der III. Prs. Sgl. Praes.) = ∞: acet, arget, einet, esset, iet 1, 2, oilet, ortet, otet.

4) = franz. ο.

263. °t° = c: aie, ie, out, ourent; = °b°: ue; = °Gutt.°: ie, ies, orge⁵), ue.

264. °t° (vor r) = ο: air, airent, ere, iere; = g in gl. St.: eire 1, ieres.

265. °t°°⁶) = ο: ei, i; = °c°, °c'°: i; = °v°: i; = °g°: ei; = °d°: ei, i.

266. °t'° = ο: is ⁷).

267. °t° (in der 3. Pers. Sgl. auf -et (lat. -at)⁸) = ο: aine, ande, arge, emble, ente, erre, ie, ose, ure; = m°: aie, aine, aise, ande, ase, ente 1, ere, erre, ie 1, isle, ose, ue, ure.

Lat. **tt** (t + t).
= franz. t.

268. °tt°:= °t°: atre; = °t°: ctent.

269. °tt'° = °t'°, t°: uit.

270. °t + t° = °Lab. + t°: oet.

271. °t + t° = einf. °Dent.°: ent, art, ort; = °d + t°: ent, art.

Lat. **t'c**.
= franz. ç.

272. °t'c° = °ti: orcent.

---

1) In ðrat, daneben begegnet ere.
2) In guardent (germ. warten).
3) Vgl. t = t und t = ο und S. 72 Anm. 1.
4) In fut (fuit).
5) In gorge, daneben begegnet gurt.
6) Vgl. daneben t = t und t = d.
7) In der Verbalendung -isti.
8) Vgl. daneben t = ð.

Lat. **tj** ($j = i$).

1) = franz. palat. *g*.

273. $°tj = °pj$: *age*.

2) = franz. *c*.

274. $°tj = ctj$ der Endung *ictiam*: *ece*[1]); = ∞: *ace*.

275. $°tj = °cj$: *unce*; = $°t'c$: *orcent*; = ∞: *ance*, *orce*.

3) = franz. *is* (*i* verschm. mit vorherg. Tonvok.)

276. $°tj°$, -*ītiam* -*ītium* = -*īsam* -*īcium* -*ēsiam*: *ise*.

277. $°tj°° = ç$ in gl. St.: *ais*, *is* 2).

Lat. **tj + s** = franz. **z**.

278. $ᵛtj + s° = ᵛc°°$: *uz* 1.

279. $°tj + s° = °t + s°$: *ainz*.

Lat. **t + s** = franz. **z**.

280. $ᵛt + s° = ᵛc°°$: *eiz*, *uz* I, 1; = $ᵛd + s°°$: *iz*; = germ. $ᵛh' + s°$: *uz* I, 2; = ∞: *ez*, *iez* 1—8, *iz*, *uz* II.

281. $°t + s° = °tj + s$: *ainz*; = $°d + s°$, $°n$ (nach *n*) + $s°$: *anz*; = ∞: *enz*, *orz*.

Lat. **d + t** s. **d**; **b't** s. **b**; **pt** s. **p**; **ct** s. **c**; **ntj** s. **n**.

Unorganisches *t*.

282. eingeschoben zwischen *s(c)* -*r*; -*ascere* = -*agistrem*: *aistre*; *essere* = -*extram* -*tstram*, -*esbyter*: *estre*; -**aeserunt* -*ēcerunt* = ∞: *istrent*.

Germ. **z** = franz. **t**.

283. $ᵛz' = ᵛb't'$: *utent*.

II. Labialen.

Lat. **b**.

1) = franz. *b*.

284. $ᵛb° = ∞$: *ables*, *ible*, *ibles*.

285. $°bᵛ = ∞$: *erbe*, *orbet*.

286. $°b° = ᵛp°$: *uble*; = $°m°$: *arbre*.

2) = franz. *v*.

287. $ᵛb°$ (vor *r*) = *p* in gl. St.: *eivre*.

3) = franz. *f*.

288. $ᵛb°° = v$, germ. *w* in gl. St.: *ef*.

4) = franz. *u* (mit vorherg. *a* verschm. zu fr. *o*).

289. s. *a* = franz. *ó*, *ò*, *ou*.

5) = franz. *o*.

290. $ᵛbᵛ = ○$: *unt*, *ues*; = $ᵛd'$: *unt*, *eient*; = $ᵛt'$: *ue*, *ues*; $ᵛ$Gutt.$ᵛ$: *unt*, *ue*; = ∞: *eie*, *eit* 1.

---

1) In der Endung -*itiam*, vgl. daneben: *ise*.

291. ᵛbᶜ (vor tᵒ in Verbalformen der 3. Pers. Sgl.) = ○;
d, p in gl. St.: eit 2; = v in gl. St.: at; — (vor r't) = ○: irt; — (vor sᵒ) = ○: as.
292. ᶜbᶜ = ○: estre.

Lat. b't = franz. t.

293. ᵛb't ᵛ = germ. ᵛg ᵛ: utent; = ᵛpt ᵛ: ute.

Lat. bj.

= franz. i (verschm. mit vorherg. Tonvok.).

294. s. a = franz. ai (: ait, ai), e = franz. ei.

Unorganisches b.

295. zwischen m -l; -ĭmul = involat: emble.

Lat. p.

1) = franz. p.

296. ᶜpᵛ = ∞: aspes.
297. ᶜpᶜ = ∞: ample.

2) = franz. b.

298. ᵛpᶜ (vor l) = ᶜb ᵛ: uble.

3) = franz. v.

299. ᵛpᵛ = ᵛv ᵛ; ovent; = u des germ. Diphtongs iu: ive, ivent; = ᵛd ᵛ (s. S. 72 Anm. 2): avie¹).
300. ᵛpᶜ (vor r) = b in gl. St.: eivre.

4) = franz. u (mit vorherg. a verschm. zu franz. o).

301. s. a = franz. oi = franz. ou (: ourent, out).

5) = franz. ○.

302. ᵛpᶜ (vor tᵒ in Verbalformen der 3. Pers. Sgl.) = ○: eit, ot; = d, b in gl. St.: eit; = t, v in gl. St.: oet; — (vor sᵒ) = ○: os 3, ès, eis; = v in gl. St.: eis.
303. ᶜpᶜ (vor sᵒ) = ○: ols, ens.

Lat. pp = franz. ○.

304. ᵛppᶜ (vor s) = ∞: as.

Lat. pt = franz. t.

305. ᵛpt ᵛ = ᵛb't ᵛ: ute.

Lat. pj = franz. palat. g.

306. ᵛpj ᵛ = secund. tj: age.

Lat. prj (j = ĕ).

= franz. ivr (i verschmolz. m. vorherg. Voc.)

307. -ŏpreum = -ĭbere -ĭpere: eivre.

Lat. v.

1) = franz. v.

308. ᵛv ᵛ = ᵛp ᵛ: ovent.

2) = franz. f.

309. ᵛv·ᵒ = germ. w, lat. b in gl. St.: ef; = l in gl. St.: if.

---

¹ In savie, daneben findet sich sage.

3) = franz. *b*.

310. ʻ*v*ʼ = unorganischem *b*: emble.

4) = franz. *u* (verschmolz. m. vorherg. Voc.)

311. s. *a* = franz. *ou* (: *out*); *i* = franz. *iu*.

5) = franz. ꝏ.

312. ʻ*s*ʼ = ꝏ, ʻ*c*ʼ, ʻ*cʻ*ʼ, ʼ*d*ʼ, ʼ*t*ʼʻ: *i*; = ꝏ: *ai*.

313. ʻ*v*ʼ (vor ausl. *t* der 3. Pers. Sgl.) = *t*, *p* in gl. St.:

ost; = *b* in gl. St.: *at*; — (vor flexiv. *s*) = ꝏ, *ç* in gl. St.: *is*.

314. ʻ*v*ʼ = secund. *v* (urspr. *u*) in gl. St.: *olt* 2. Secund. *v* (urspr. *u*) = ꝏ oder nachtonigem Vocal; *eint* 2, *oi*.

Lat. *vj* = *i* (verschmolz. m. vorherg. Tonvoc.).

315. s. *i* = franz. *ei* (: *eis*).

Germ. *w* = franz. *f*.

316. ʻ*w*ʻʼ = *b*, *v* in gl. St.: *ef*.

III. Gutturale.

Lat. *g*.

1) = franz. *i* (verschmolz. m. vorherg. Voc.).

317. s. *g* = franz. *ai* (: *aie*, *aient*, *airent*, *aire*, *aistre*), *e* = franz. *i* (: *it*), *i* = franz. *i* (: *iet*, *ie*), *u* = franz. *ui*.

2) = franz. ꝏ.

318. ʻ*g*ʼ = ꝏ: *ei*, *eis*, *ente*, *in*, *vil*; = ʻDent.ʼʻ: *ei*; = ꝏ; *ante*.

319. ʻ*g*ʼ (vor *r*) = ꝏ: *iers*, *ire*; = *t* in gl. St.: *aire* 1, *ieres*.

320. ʻ*g*ʼ = *ort* 1, 2¹).

Lat. *gj* = franz. palat. *g*.

321. ʻ*gj*ʼ = *j* (urspr. *i*) in gl. St.: *orge*.

Lat. *ng*, *gn* s. *n*.

Lat. *c*.

1) = franz. *c*.

322. ʻ*c*ʼ = ꝏ: *oec*.

323. ʻ*c*ʼ = ʻ*d*ʼ (s. S. 72 Anm. 3); *unc*.

2) = franz. *ch*.

324. ʻ*cʻ*ʼ (vor *a*) = ꝏ: *anche*.

3) = franz. *ig* (*i* verschm. m. vorgeh. Tonvoc.).

325. ʻ*c*ʼ (vor *r*) = ꝏ; *aigres*.

4) = franz. *z*.

326. ʻ*çʻ*ʼ (nach kurzen Vocalen) = ʻDent. + *s*: *eiz* 2, *uz*.

327 ʻ*çʼ*ʼ = ʻ*d* + *s*: *anz*.

5) = franz. *is* (*i* verschmolz. m. vorherg. Tonvoc.).

328. ʻ*ç*ʼ = ʻ*x*ʼ: *ist*; = ʻ*sc*ʻ: *aist*; — *ēcit* = ʻ*isit* -*aesit* -*e(n)sit* -*istic*: *ist*; — *ēcerunt* = -*iserunt* -*aeserunt* -*e(n)serunt*: *istrent*; -*ēciculat* = *i(n)sulam*: *isle*.

---

1) Neben *gort* (*gurgitem*) vgl. *gorge*.

329. ˇcˇº = tj (j = i): ais, is.
6) = franz. i (verschm. m. Tonvoc.)
330. s. a = franz. ai (: ait, aite) = franz. è; e = franz. ei = franz. i (:i 1, ie 2, it, ites 1, iz); i = franz. i (:iet 2), o = franz. ui, iu; u = franz. ui, ae = franz. iu, au = franz. oi.
7) = franz. o.
331. ˇcˇ = o: unt, ie 1, iet 1, ustes, out, ot = ˇtˇ: ie, ies, orge, out; = ˇdˇ, ˇbˇ: unt = ∞: arge, arget, argent.
332. ˇcˇ (vor ti) = o: ece: — (vor s) = o, v in gl. St.: is.
333. ˇcˇ (zwischen ç und l) = o: isle.
334. ˇcˇº = cº, ˇdˇ, ˇvˇ, ˇtˇº: i 1; = ˇdˇº: i 2.
335. cº = o: ui, ist; = mº: i 1, ui; = ˇdˇ: a.

Lat. cc.
1) = franz. c.
336. ˇccˇº = germ. ck in gl. St.: ec.
2) = franz. ch.
337. ˇccˇ (vor a) = ∞: oche, oches.

Lat. ct = franz. t.
338. ˇctˇ = ?: otet.

Lat. cj.
1) = franz. c.
339. ˇcjˇ = ∞: acet.

340. ˇcjˇ = ˇtjˇ: unce.
2) = franz. is (i verschmolz. m. vorherg. Tonvoc.).
341. -icium = -*isam -*esiam -*itiam -itium: ise; ˇcjˇ = ˇsˇ: uise.

Lat. x (cs).
1) = franz. s.
342. ˇxº = ˇsº: estre, uste = ˇssº: estre.
2) = franz. is (i verschm. m. vorherg. Tonvoc.).
343. ˇxˇ, -ixit = -isit -*aesit -*e(h)sit -ēcit, istic: ist; -extas = -*istas -*ystas; istes; = ∞: aist 2.
344. ˇxˇ, -ex = -isum, -isus -*isos -*ies -*[g]e(n)sem -aesum -e(n)sum -ivos -*ivus -icus -isti: is.

Lat. ç + s = franz. x.
345. ˇçˇº + sº = ˇt + sº: eis 1.

Lat. tˇc s. t; sc s. s; cl s. l; nc s. n.
Lat. qˇ = franz. l (verschmolz. m. vorherg. Tonvoc.).
346. s. e = franz. iu; o = franz. i.

Lat. j (i).
1) = franz. j.
347. ˇjˇ = ∞: avie, orie.
2) = franz. palat. g.
348. ˇjˇ = ˇdjˇ: enge, engent, arge, arget, argent; = ˇgjˇ: orge.

3) = franz. o.

349. ʹi = o; el (alium).

350. ʺi = o: este, estes, ustes, erbe, = nachton. u: atre. Lat. dj s. d; tj s. t; bj s. b, pj s. p; gj s. g; cj s. c; lj s. l; nj s. n; rj s. r.

Germ. h = franz. t (verschmolz. m. vorherg. Tonvoc.).

351. s. e = franz. iu.

Germ. h + s = franz. z.

352. ʹhʹ + sº = ʹttʹ + sº : uz.

IV. Liquide.

Lat. l.

1) = franz. l.

353. ʹlʹ = ʹllʹ : ols, olent.

354. ʹlº = ʹllº : alte, als; = ∞: alt, olt, ulte, els, ols.

355. ʹl = ∞: ables, ible, ibles, uble, ample, isle.

356. ʹlʹº = lº : iel 2; = ʹllʹº : al, il, ol = ʹcʹlʹº : il; = ∞ : el 1, 2 eil, iel 1.

2) = franz. n(?).

357. ʹlº = n in gl. St.: in.

3) = franz. r.

358. ʹlʹ = ʹrʹ : orie.

4) = franz. f.

359. ʹlᵇ = v in gl. St.: if.

Lat. ll = franz. l.

360. ʹllʹ = ʹlº : ole, olent; = ∞: ele.

361. ʹllº = ʹlº : alte, als; = ∞ : els.

362. ʹllʹº = ʹlº : il, ol; = ʹcʹlʹº : il; = ∞ : el 1, 2.

Lat l lj, llj (j = i, ě).

1) = franz. lj.

363. ʹljʹ = ʹlljʹ : aile; = ʹcʹlʹ : eille; = ∞ : oile.

364. ʹljʹº = cʹl in gl. St.: eil.

365. ʹlljʹº = lº nach an den Tonvocal attrahirtem i : uil.

2) = franz. il (i verschm. m. Tonvoc.)

366. ljʹº, -īlium = -īlem -illi -*illic -illum -īculum : il.

3) = franz. l.

367. ʹlj vor sº = ʹlº : alz.

Lat. cl.

1) = franz. lj.

368. ʹcʹlʹ = ʹljʹ : eille.

369. ʹcʹlʹº = ʹljʹº : eil; = ʹlʹʹ s. S. 28.

2) = franz l.

370. ʹcʹl° (vor sº) = ∞ : ilz.

371. ʹcʹlº = ʹlº ʹllº : il.

Germ. l = franz. lj.

372. l nach an den Tonvoc. attr. i = ʹlljʹº : uil.

Lat. m.

1) = franz. m.

373. ᵛmᵛ = ∞: ames, iement, imes, umes.

374. ᵛmᶜ = ∞: ample.

375. ᶜm = ∞: ermes.

2) = franz. n.

376. ᵛmᶜ = ᵛnᶜ: ens.

377. ᵛm°ᵒ = ᵛn°ᵒ: un.

378. ᵛm° = ᵛn°ᵒ: ien 1 = ∞: ien 2.

3) = franz. b.

379. ᶜmᶜ = ᵒbᶜ: arbre.

4) = o.

380. m° = o: aile, aim, ain, aine, air, aistre, ait, amme, ance, ande, ant, art, asse, ast, atre, ede, ef, ei, eil, eir, eis, eit 2, eivre, eiz, et, emple, en, ens, ent, ente, ern, erre, erte, es, est, este, estre, i 1, 2, ie 2, iel, ier 2, iere, il, in, ir, ire 1, 2, irt, is 1, 2, it, ite, iu, oche, oi, oine, one, orie, ort 1, òs 1, 2, 3, ós(?), ose, uble, ud, ui, uil, uin, uine uit, un 2, unc, une, unt, ur I, urs I, II, us I, uz I, 1; = t° (der 3. Pers. Sgl. Praes. auf -et) s. t = franz. o; = s° (der I. Pers. Plur.): un 1; = ∞: ace, age, ais, ait 2, aite, al, alte, anche, arbre, ate, avie, ec, ece, ed, eie, eil, ein, eire 2, el 1, 2; el 1, enge, erbe, erne, eu, ible, iet, if,

igne, ise, isse, ois, ol, ole, or, orce, orde, orge, ort 2, orte, os 2, ost, oste, uite, unce, ur II, ure, urn, us II, uste, ute.

Lat. mm = franz. m.

381. ᵛmmᵛ = ᵛm'nᵛ: âme, ames.

Lat. m'n.

1) = franz. m.

382. ᵛm'nᵛ = ᵛmmᵛ: ame, ames.

2) = franz. n.

383. ᵛmnᶜ (vor j = i) = ᵛn° (vor dj) engent.

Lat. n.

1) = franz. n.

384. ᵛnᵛ = ∞: aine, aines, eines, ine, ines, one, une = ᵛgnᵛ, ᵛngᵛ s. S. 28.

385. ᵛnnᶜ = ᵛmᶜ: ens; = ∞: aindre, aindres, endre, indrent, unde, undes, ent, ente 1, 2; eint 1, 2; eintes, int, unt, airent, ardent, argent, eient, einent, erent, etent, iement, ient, ierent, irent, issent, istrent, ivent, olent, ouent, ourent, ovent, uent, usent, utent, unce, ains, ens, enge, engent, unc, ains, ins, uns.

386. ᶜnᵛ = ∞: erne.

387. ᵛn°ᵒ = ᵛnn°ᵒ: an, en; = m°: ien; = ᵛl°ᵒ(?): in; = ∞: ain, ein, un.

388. ᶜnˑᵒ = ∞: *ern, urn*[1]).
 3) = franz. *m.*
389. ᵛnᵉ = ᵛmᵉ: *emblè.*
 3) = franz. ○.
390. ᵛnᵉ (vor *s*) = ○: *eis, ist, is, isle, uste*; = *v* in gl. St. :*is*; = *c* in gl. St. *is, uste.*
391. ᶜnᵛ (nach *m*) = ᵛmᵛ: *ermes.*

Lat. *n* + *s* = franz. *s.*
392. ᶜn (nach *r*) + *sᵇ* = ᵒd + *s*: *urz.*

Lat. *nn* = franz. *n.*
393. ᵛnnᵈ = ᵛnᵉ: *uign.*
394. ᶜnnˑᵇ = ᶜnˑᵒ: *an, en.*

Lat. *nn* + *s* = franz. *nz.*
395. ᵛnn + *sᵒ* = ᵛn + Dent. + *sᵒ*: *anz.*

Lat. *ng.*
 1) = franz. *nj.*
396. ᵛngᵛ = ᵛnᵛ s. S. 28.
397. ᵛngᵛ = ᵛnnjᵉ: *uin.*
 2) = franz. *in* (*i* verschmol. m. Tonvoc.)
398. ᵛngᵉ; -*inguit* = -*oenet*: *eint*; = ᵛnjᵉ: *uinz*; = *ndj*: *aindre.*

Lat. *gn.*
 1) = franz. *nj.*
399. ᵛgnᵛ = ∞: *ighe*; = ᵛnᵛ; s. S. 28.
400. ᶦgnˑᵒ = ᵛnᵛ s. S. 28.

 2) = franz. *in* (*i* verschmol. m. Tonvoc.)
401. ᵛgnᵉ, -*ignet* = -*inet*: *eint.*

Lat. *nj.*
 1) = franz. *nj.*
402. ᵛnjᵛ(?) = ᵛn + Gutt.ᵛ: *uignes.*
403. ᵛnjᵉ (urspr. *nnj*) = ᵛugᵉᵒ: *uign.*
 2) = franz. *in* (*i* verschmolz. m. Tonvoc.)
404. ᵛnjᵛ, -*anidm* = -*ana* -*anam* -*ena* -*inat* -*oena* -*oenam*: *aine*; = ᵛn'chᵛ: *oine.*
405. ᵛnjᵉ = ᵛngᵉ: *uins.*
406. ᵛnjᵉᵒ, -*inium* = -*inem* -*ini* -*inum* -*ilem*(?): *in.*

Lat. *nc* (*n'ch*).
 1) = franz. *nj.*
407. ᵛn'chᵛ = *nj*: *uignes.*
 2) = franz. *in* (*i* verschmolz. m. Tonvoc.).
408. ᵛn'chᵛ = ᵛnjᵛ: *oine.*
409. *nc*ᵒ = ∞: *eintes.*
410. *nc* + *t* + *s* = *ntj* + *s*: *ains.*

Lat. *ndj* = franz. *in* (*i* verschmolz. m. Tonvoc.)
411. -*andior*+*s* = -*inor*+*s*: *aindres*; *ndj* = *ng*: *aindre.*

---

1) Der Abfall des ausl. *n* in der Combination *rn* scheint somit unserm Dichter noch unbekannt gewesen zu sein; vgl. aber *sujurer* (s. Rimarium der vortonigen Silben: *ur*), welches, obwohl der leoninische Reim dazu Veranlassung gegeben haben mag, doch auf ein bereits vorhandenes *sujur* hinweist.

Lat. **ntj** = franz. **inz**.

412. *ntj* = *nct* + *s*: ainz.

Lat. **njr** = franz. **ir**.

413. -ĕnior = -*ĭram -[c]o-quere: ire.

Lat. r.
1) = franz. r.

414. ʽrʼ = ʽr: ere, iere, ire 1, 2; = ʽlʼ: orie; = ∞: eire, erent, ierent, ourent, ure.

415. ʽrᶜ = ʽrrᶜ: orde, arget, argent; = ∞: ardent, art, ert, irt, ort, orte, ortent, ortet, orce, orcent, erz, orz, urz, erbe, orbet, arbre, arge, orge, ermes, ern, erne, urn, eirs, iers 1, 2; ors, urs, urses = ○: s. S. 28.

416. ᶜr = ∞: endre, edres, eidre, atre, irent, eire, airent, ieres, aistre, estre, eivre, arbre, aire, aigres, aindre, aindres, indrent, istrent.

417. rᵃᵒ = rrᵃᵒ: ur; = ∞: air, er, eir, ier, ir, or, ur.

2) = franz. ○.

418. ʽrᶜ (vor sᵒ) = ○: os; = ○: us II.

3) Umgestellt.

419. : etent, uble.

Lat. rr.
1) = franz. rr.

420. ʽrrʽ = ∞: erre.

2) = franz. r.

421. ʽrrᶜ = ʽrᶜ orde, arget, argent.

Lat. **rj** = franz. **ir** (*i* verschm. m. Tonvoc.)

422. ʽrjʼ, -eriam = -ēram: eire 2; ĕriam = -ĭgere: ire 2; = ʽgrʼ: airent.

423. ʽrjᶜ, -arium -atrio = aerem: air; -arium = -[ce]are -[si]are: ier 1 = [li]are -[vi]are -ĕgrum: ier 2; -arium = -ĕtram -ĕtro: iere; -arius = [ǫ]aros -[c]arus -ĕgrus: iers 1; erios erius = ∞: iers 2.

Lat. s.
1) = franz. s.

424. ʽsʼ = c, ü:ise; = ∞: ase, ose, usent.

425. ʽsᶜ = ʽçᶜ: ist, isle, istrent; = ʽssʼ: ast, estre; = ʽxᶜ: estre, uste; = s der Combin. x (cs): ist, istes 1; = ∞: est, este, estes, istes 2, ost, ustes, aspes.

426. ᶜs = s der Combin. sc: aistre; = ∞: urses.

427. ʽsᵃᵒ = sᵒ: eis 1, 2, ens, is, os 1, 3, urs I, II us I = ∞ us II = ʽssᵃᵒ: os 2; = s + sᵒ: eis 1, ens, is, us I, urs I; = sᵒ der Combin. x: eis 2, is.

428. sᵒ = ʽssᵃᵒ: as = adverbiellem s: iers 1; = ∞; ables, aigres, aindres, aines, ains,

aintes, als, ames, ammes, andes, ains, as, aspes, eals, edes, eies, eines, eirs, éls, eres, ermes, estes, ibles, ieres, iers 1, 2, ïes, ies, ines, ins, istes 1, 2, ites 1, 2, ius, oches, oes, ols, osses, ous, ues I, II, uines, umes, undes, uns, ursus, ustes.

2) = franz. *is* (*i* verschm. m. Tonvoc.

429. Germ. ᵛsᵛ = ᵛcjᵛ: *aise*.

3) = franz. *z*.

430. s° nach mouillirten Lauten = °d + s: *als*; = ∞: *ilz, uinz*.

4) = franz. ○.

431. s° (der I. Pers. Pl.) = m°: *un* 1.

Lat. *ss*.

1) = franz. *ss*.

432. ᵛssᵛ = ᵛscᵛ: *issent*; = ∞: *asse, asset, esset* 1, *isse, osses = stP* s. S. 28.

2) = franz. *s*.

433. ᵛssᶜ = ᵛsᶜ: *ast, estre*.

434. ᵛssᵛ° = s²°: *es* = s°: *as, es, os*.

Lat. *s + s*.

435. ᵛs + s° = ᵛs°, s°: *eis* 1, *is, us* I, 1 = ∞: *us* I, 2.

436. ᶜs + s° = ᵛs°ᶜ: *ors, urs* I = s°: *ors, urs* I.

Lat. *ss + s* = franz *s*.

437. ᵛss + s° = ᵛs°ᶜ: *es*; = s°: *as, es* = ᵛss°ᶜ: *es*.

Lat. *sc*.

1) = franz. *ss*.

438. ᵛssᵛ = ᵛscᵛ: *issent*.

2) = franz. *is*.

439. ᶜsᶜ = ᵛg'sᶜ: *aistre* = ᵛçᶜ: *aist*.

440. ᵛsc°ᶜ = ᵛsj°ᶜ: *ois*.

Lat. *sj* = franz. *is*.

441. -*ĕsiam = -*ĭsam -ĭtiam ĭtium -ĭcium: *ise*.

442. ᵛsj°ᶜ = ᵛsc°ᶜ: *ois*.

Unorganisches *s*.

443. Adverbielles s° = s°: *iers* 1.

Lat: *ds* s. *d*; *ts* s. *t*; *ps* s. *p*; *ns, nns* s. *n*.

B. Vor dem Tonvokal.

I. Dentale.

Lat. *d*.

1) = franz. *d*.

444. ᵛdᵛ = anl. *d*: *ed (amedous = de dous)*.

445. °dᵛ = anl. *d*: *end*; = ∞: *and, end, ard*.

446. °dᶜ = *endr*.

2) = franz. ð.

447. ᵛdᵛ = °tᶜ: *ad, ed* 3, *ud*; = ∞: *ed* 1, *od*.

3) = franz. φ.

448. ʼdʼ = ο, ʼhʼ: a = ʼpʼ: e 2, o 2; = ʼcʼ: oª; = ʼpʼ: e 2.

Lat. d't = franz. t.
449. ʼd'tʼ = ʼtʼ (s. unten Anm. 1); it.

Lat. dj.
1) = franz. palat. g.
450. ʼdjʼ = ʼcʼ (nach rr): arg.

2) = franz. j.
451. ʼdjʼ = anl. dj: ej.

3) = franz. i (verschmolz. mit dem vorherg. Tonvok.)
452. ʼdjʼ; -ide = -ï: ei; ʼdjʼ = ʼvjʼ: ui.

Lat. dr = franz. rr(r).
453. ʼdrʼ = ʼrrʼ: = ∞ : err 1.

Lat. ndj s. n.

Lat. t.
1) = franz. t.
454. ʼtʼ¹) = ʼd'tʼ: it; = ʼtʼ: ait = ∞ : at.
455. ʼtʼ = ∞ : ant, ent 1, 2, unt, art, ert, ort, est.

2) = franz. δ.
456. ʼtʼ = ʼdʼ: ad, ed 3, ud; = ∞ : ed 2.

3) = franz. ο.
457. ʼtʼ = ο: i 1, 2; = ʼhʼ: a; = ʼcʼ: u.
458. ʼtʼ = ο: er 3.
459. ʼtʼ (zwischen r) = ∞ : er 2.

Lat. t'c = franz. c.
460. ʼt'cʼ = ∞ : unc.

Lat. tj = franz. ts.
461. ʼtjʼ = ʼsjʼ, ʼscjʼ, ʼxʼ; ais.

Lat. tr.
1) = franz. rr.
462. ʼtrʼ = ʼrrʼ: err 2.

2) = franz. r.
463. ʼtrʼ = ʼrʼ: er 3.

Lat. ct s. c; bt s. b.
Lat. th = franz. t.
464. ʼthʼ (nach unorgan. s) = anl. t: es 2.

Germ. z = franz. t.
465. ʼzʼ = ʼb'tʼ: ut.

II. Vortonige Labiale.

Lat. b.
1) = franz. v.
466. ʼbʼ = ʼvʼ: av, iv; = ʼpʼ: av, ev.

467. ʼbʼ = ʼpcʼ: avr, evr.

2) = franz. u (verschm. m. vorherg. Tonvok.)
468. s. a = franz. ou.

---

1) In dem gelehrten Worte veritet, in dehaites, einem Worte germanischen Ursprungs, und in Eigennamen.

3) $=$ franz. o.
469. $^vb^e = $ o: m^e: *ej*.
470. $^eb^e = $ o: *ant*.

Lat. **bb** $=$ franz. **b**.
471. $^vbb^v = $ ∞: *ab*.

Lat. **b'b** $=$ franz. **t**.
472. $^vb^vt^v = ^vz^v$: *ut*.

Lat. **bj** $=$ franz. **i** (verschmolz. m. vorherg. Voc.).
473. s. $= a$ franz. *ai*.

Lat. **p**.
1) $=$ franz. *v*.
474. $^vp^v = ^vv^v$: *av, iv, uv* $= ^vb^v$: *av, ev* $= ^vg^v$: *uv*.
475. $^vp^e = ^vb^v$: *avr, evr*.

2) $=$ franz. **u** (verschm. m. vorherg Vocal).
476. s. a franz. *ou*.

3) $=$ franz. o.
477. $^vp^v = ^vd^v$: *e 2, o 2*; $= ^vs^v$: *e 2*; $= ^vc^v$: *o 2*.

478. $^ep^e = $ o: *ent 1, unt*.

Lat. **pj** $=$ franz. **ch**.
479. $^vpj^v = ^vct^v$: *ach*.

Lat. **v**.
1) $=$ franz. *v*.
480. $^vv^v = ^vb^v$: *av*; $= ^vp_v$: *av, uv*; $= ^vg^v$: *uv*.

2) $=$ franz. *u*. (verschm. m. vorhg. Voc.)
481. s. $a =$ franz. *o*.

3) $=$ franz. o.
482. $^vv^v = ^vc^v$: *e 1*.

Lat. **vj**.
1) $=$ franz *g*.
483. $^vvj^v = $ ∞: *eg*.

2) $=$ franz. *i* (verschm. m. vorhg. Voc.).
484. s. $u =$ franz. *ui*.

Lat. **f** $=$ franz. **f**.
485. $^ef^v = $ ∞: *alf*.

III. Vortonige Gutturale.

Lat. **g**.
1) $=$ franz. *v*.
486. $^vg^v = ^vv^v, ^vp^v$: *uv*.

2) $=$ franz. *i* (verschm. m. nachfolg. od. vorherg. Voc.).
487. s. betontes $e =$ franz. *i* (: *is*); vortoniges $a =$ franz. *ai*, $i =$ franz. *i*, $o =$ franz. *i*.

3) $=$ franz. o.
488. $^vg^v = $ o: *o 1*.
489. $^eg^v$ (nach *r*) $= $ o: *er 3*.

Lat. **gn** s. **n.**
Lat. **c**.
1) $=$ franz. *i* (verschm. m. vorhg. Voc.)
490. s. $a =$ franz. *ai* (: *ait*), $e =$ franz. *i*.

2) $=$ franz. o.
491. $^vc^v = ^vd^v$: *o 3, u*; $= ^vt^v$: *u*; $= ^vp_v$: *o 3*; $= ^vv^v$: *e 1*; $= $ ∞: *arg*.

Lat. **ct** $=$ franz. **ch**.
492. $^vct^v = ^vpj^v$: *ach*.

Lat. *cj* = franz. *is*.
493. ᵛ*cj*ᵛ = ᵛ*sj*ᵛ : *ais*.

Lat. *c'l* = franz. *il*.
494. ᵛ*c'l*ᵛ = ᵛ*lj*ᵛ : *eil*.

Lat. *x (cs), sc, scj* = franz. *is*.
495. ᵛ*x*ᵛ, ᵛ*scj*ᵛ = ᵛ*sj*ᵛ, ᵛ*lj*ᵛ : *eis*; = ∞ : *is*.

Lat. *j (i, e)*.
1) = franz. palat. *g*.
496. ᶜᶜ*j*ᵛ (nach *rr*) = ᶜ*dj*ᵛ : *arg*.
2) = franz. ○.
497. ᶜ*j*ᵛ = ○ : *av*.

Lat. *dj* s. *d*; *tj* s. *t*; *bj* s. *b*; *pj* s. *p*; *vj* s. *v*; *ci*, *ce*, *sc* s. *c*; *lj* s. *l*; *nj*, *ndj* s. *n*, *sj* s. *s*.

IV. Liquide.

Lat. *l* = franz. *l*.
498. ᵛ*l*ᵛ = ᵛ*ll*ᵛ : *al, el, ol*; = sec. anl. *l* : *al*; = ∞ : *ul*.
499. ᵛ*l*ᶜ = ∞ : *alf, alm*.

Lat. *lj, cl* = franz. *lj*.
500. ᵛ*lj*ᵛ = ᵛ*c'l*ᵛ : *eil*; = ᵛ*ll*ᵛ : *ail*; = ∞ : *eill*.

Lat. *ll*.
1) = franz. *ll*.
501. ᵛ*ll*ᵛ = ᵛ*r'l*ᵛ : *ull*.
2) = franz. *l*.
502. ᵛ*ll*ᵛ = sec. anl. *l*, ᵛ*l*ᵛ : *al*.
3) = franz. *lj*.
503. ᵛ*ll*ᵛ = ᵛ*lj*ᵛ : *ail*; = ᵛ*c'l*ᵛ : *eil*.

Lat. *r'l* = franz. *ll*.
504. ᵛ*r'l*ᵛ = ᵛ*ll*ᵛ : *ull*.

Lat. *m*.
1) = franz. *m*.
505. ᵛ*m*ᵛ = ᵛ*mm*ᵛ : *um* I; = ᵛ*m'n*ᵛ : *um* II; = ∞ : *am, em*.
506. ᶜ*m*ᵛ = anl. *m* : *arm*; = ∞ : *alm*.

2) = franz. *n*.
507. ᵛ*m*ᶜ = ᵛ*n*ᶜ : *ant*, *ent* 1, *unt*.
3) = franz. ○.
508. ᶜ*m*ᶜ = ○ : *ert*.

Lat. *mm* = franz. *m*.
509. ᵛ*mm*ᶜ = ᵛ*m*ᵛ : *um* I.

Lat. *m'n* = franz. *m*.
510. ᵛ*m'n*ᵛ = ᵛ*m*ᵛ : *um* II.

Lat. *n*.
1) = franz. *n*.
511. Anl. *n* = ᵛ*n*ᵛ : *an, en*; = ᶜ*gn*ᵛ : *en*.
512. ᵛ*n*ᵛ = ∞ : *in, un*.
513. ᵛ*n*ᶜ = ᵛ*m*ᶜ : *ant, ent* 1, *unt*; = ∞ : *and, end, endr, ent* 2, *unc, urn*.
2) = franz. ○.
514. ᵛ*n*ᶜ (vor *s*) = ○ : *eis, uis, ur*.

Lat. *nj, ndj* = franz. *inj* (*i* verschm. m. vorherg. Voc.)
515. ᵛ*nj*ᵛ = ᵛ*ndj*ᵛ : *eign*.

Lat. *gn* = franz. *n*.

516. ᵛ*gn*ᵛ = anl. *n*, ᵛ*n*ᵛ: *en*.

Lat. *r* = franz. *r*.

517. ᵛ*r*ᵛ = ᵛ*r*ᶜ: *er* 3, *ur* = ᶜ*r*ᵛ: *er* 3; = ᵛ*rr*ᵛ: *ir* 1, *ur*; = ᵛ*r'r*ᵛ: *er* 2; = ∞: *er* 1, *ir* 2.

518. ᵛ*r*• = *r*• der Praeposition *par*: *arm*; = ᵛ*rr*ᶜ: *arg*; = ∞: *ard*, *art*, *ert*, *ort urn*.

519. ᶜ*r*ᵛ = ∞: *endr*, *avr*, *evr*.

Lat. *rr* = franz. *rr(r)*.

520. ᵛ*rr*ᵛ = ᵛ*r'r*ᵛ: *urr*; = ᵛ*dr*ᵛ: *ar*; = ᵛ*tr*ᵛ: *err* 2 = ᵛ*r*ᵛ: *er* 2, *ir* 1, *ur*.

521. ᵛ*rr*ᶜ = ᵛ*r*ᶜ: *arg*.

Lat. *dr*, *tr* = franz. *rr(r)*.

522. ᵛ*dr*ᵛ = ᵛ*rr*ᵛ: *ar*; = ∞: *err* 1.

523. ᵛ*tr*ᵛ = ᵛ*rr*ᵛ: *err* 2.

Lat. *rl* s. *l*.

Lat. *s*.

1) = franz. *s*.

524. ᵛ*s*ᵛ = ∞: *aus*.

525. ᵛ*s*ᶜ = ∞: *est*.

2) = franz. ○.

526. ᵛ*s*ᵛ = ᵛ*p*ᵛ: *e* 2.

Lat. *ss*.

1) = franz. *ss*.

527. ᵛ*ss*ᵛ = ∞: *uss*.

2) = franz. *s*.

528. ᵛ*ss*ᵛ = ∞: *ous*.

Lat. *sj* = franz. *is* (*i* verschm. mit vorherg. Vocal).

529. ᵛ*sj*ᵛ = ᵛ*cj*ᵛ: *ais*; = ᵛ*tj*ᵛ, ᵛ*x*ᵛ, ᵛ*sc*ᵛ: *eis*; = ∞: *uis*.

Lat. *sc* s. *c*.

Unorganisches *s*.

530. *s*.: *est* (*amestistes*).

Lat. *h* = franz. ○.

531. ᵛ*h*ᵛ = ᵛ*d*ᵛ, ᵛ*g*ᵛ: *a*.

532. Anl. *h* = ○: *al*, *ir* 2; = ∞: *avr*, *endr*, *er* 1, *err* 1, *evr*, *urr*.

III. *Nominalflexion.*

Die Flexion der Substantiva hat bereits v. Lebinsky in seiner Dissertation »die Deklination der Substantiva in der Oïlsprache (— Posen — 1878) mit behandelt. Allein das von ihm aus unserm Texte angeführte Beweismaterial ist unvollständig und nicht überall zuverlässig; einerseits sind beweiskräftige Stellen ausgelassen und andrerseits die angeführten Reime nicht alle beweisend. Da ausserdem die Belege wegen der von ihm noch untersuchten anderen Texte durch die Abhandlung zerstreut sind, erscheint es mir angemessen, hier die Flexion der Substantiva von Neuem im Zusammenhange zu behandeln.

533. Die Feminina der *a* Deklination erscheinen in unserem Texte noch durchaus in gewöhnlicher Flexion d. h. sie haben formell für den Singular wie Plural nur je einen sowohl als Nominativ wie Accusativ verwendbaren Casus, die sich ihrerseits durch ein auslautendes *s* im Plural unterscheiden. Wegen der Belege hierfür vgl. Phonetik, Schwund von ausl. *m* und für den Plural *haspes* (Nom.) = *haspes* (Obl.) 685/86; *bestes* (Nom.) = *testes* (Obl.) 933/34.

534. Auch die consonantisch auslautenden Feminina, welche bereits bei Wace im Nom. Sgl. ein *s* angenommen haben, (vgl. v. Lebinsky S. 40) bilden hier wie im Computus (vgi. ed. Mall. S. 101) noch keine Ausnahmen; vgl. *rien* 411 = -*ĕne*; *seid* 788, = -*edium*; *nef* 858, 1552 = -*abem -ave*; *mort* 1230 = -*orte*; *volentet* 1764 = -*atem*.

Nur einmal begegnet scheinbar wie ein Maskulimum behandelt im Nom. Plur. ohne *s flur* = *odur* (Obl.) 95/96, wo sich indess ohne Schwierigkeit *odurs:flurs* einsetzen lässt.

535. Die Masculina zeigen bereits flexivischen Verfall. Es begegnen gesichert:

536. 1) von lateinischen **Maskulinis** der *a* Declination nur *ermite* 75 = -*ītam* und dieselbe Form metrisch gesichert in 1541.

537. 2) von den **Maskulinis** der *o* Declination oder den hierzu übergetretenen Wörtern einer ursprünglich anderen Deklination oder eines anderen Genus:

a) im Singular: *α)* in ursprünglicher Form d. h. mit flexivischem *s: cumans* 12 (f. P) = -*anice*, *eirs* 27 (P *oires)* = -*ĕros*; *pius* 36,728, 1286 = -*īvos -ŏcos*; *uns* 41, 1520 = -*ones*; *amis* 46,395 = -*īvos -*īsum*; *vens* 186,1356 = *intus*; *mestiers* 285 = -*ĕrios*; *diables* = -*abiles* (Obl.); *sains* 847 = *antea*; *divins* 918 = -*īnos*; *guarans* 1054 = *annos*; *pus* 1120 = -*ŭcem*; *ours* 1176 (P *doucors)* = -*ōres*; *servans* 1618 = *annos*; *murs* 1680, 1699 = -*ōres*; *juvenceals* 1730 = -*ellos*.

538. *β)* ohne *s: desir* 71 = -*ire*; *abit* 655 = -*īcit*; *message* 724 = -*aticum*; *sujurn* 827 = -*urnum*; *past* 991 = -*asset*; *mendi* 1280 = -*īvi*; *jusdi* 1470 = -*īc*; *adamant* 1714 = -*antem*; *soleil* 1756 = -*ilium*.

539. b) im Plural fast ausschliesslich ursprünglich flectirte Formen: *vilain* 163 = -*anum*; *fetheil* 210 = -*īlum*; *servant* 371 = -*andum*; *pelerin* 720, 854, 1097, 1666 = -*īnem -*īnum*; *enfern* 1329 = -*ernum*; *parent* 1817 = -*ente*; als einzige Ausnahme *tors* 912 = -*orpus*.

540. 3) Von den Maskulinis der consonantischen *e* oder *i* Deklination:

a) mit festem Accent, zunächst von denen auf *er*:

α) im Singular: ohne *s*: *prestre* (P *celestre*) 208 = *-extram*; *frere* 85, 482 = *ĕrat*; mit *s*:*pcres* 145, 155, 354 = *-atres.*

541. β) im Plural nur ohne *s*:*frere* 221, 441, 708, 1038, 1819 = *ĕrat -ĕre -aram -atrem.*

542. Von andern Wörtern dieser Gruppe nur der Nom. Sgl. *reis* 562, 676 = *-ipsum*:

543. b) mit beweglichem Accent:

α) im Singular: in ursprünglicher Form *sire* 1068, 1574 = *-īrum -ŏquere*, mit *s*: *leres* 334 = *-atres*, in der Form des cas. obl. *seignur* 1579 = *-andiorem.*

544. β) im Plural nur ursprünglich flectirte Formen *seignur* 690 = *-ōrem*; *litur* 698 = *-orem*; *cumpaignun* 1493 = *unum.*

545. Bei *homo* scheinen dagegen die Casus noch streng geschieden zu sein; vgl. *hom* (*hoem*) als Nom. Sgl. 126, 243, 500, 721, 953, 1173, 1515, 1604; *home* (*hume*) als Obl. Sgl. 278, 1222; als Nom. Pl. 1459. Der Nom. Sgl. *hume* 40 lässt sich, da der Vers gegen das Metrum verstösst, in *hum* verwandeln.

546. Auch Eigennamen schwanken in ihrer Flexion. So kommt flectiert vor: *benedeis* 8 = *-ices*; *brandans* 203 = *-ănus* (obl. Pl.); unflectirt *satan* 199 = *-anum*; *brandan* 479, 823 = *-annum.*

547. Stammhaftes *s* liegt vor in *os* (*ŏpus*) 636 = *-ōsum* (vgl. S. 62 Anm. 6) *tens* (*tempus*) 785, 1539 = *ensum*; während ausl. *s* stammhaft geworden ist in *los* (*laus*) 79 = *-orsum*, *cors* (Körper) 942 = *-orsus.*

548. Der Vokativ kommt sowohl in der Form des Nom. wie des Obl. vor; vgl. *dolens* 1255 = *-entos*; *frere* 987 (P l.) = *erat*; *seignurs* 472 = *-andiores.*

549. Die Adjectiva zeigen in ihrer Flexion ein ähnliches Verhalten wie die Substantiva. Die Feminina der Adjektiva dreier Endungen haben wie die vokalisch auslautenden weiblichen Substantiva im Sgl. wie Plur. nur je einen, durch ein *s* im Plur. von einander unterschiedenen Casus. Belege für den Sgl. s. unter Schwund von ausl. *m*; für den Plur. vgl. *ledes* (*lutae*) 491 = *-utas*; *grosses* 1123 = *-ossas*; *sues* 1210 = *-ūbes* (Obl.). Von Femininis der Adjectiva zweier Endungen erscheint ohne *s* in attributiver Stellung *grant* 1169 = *-andit.*

Diese letztere Klasse von Adjectiven zeigt vielfach analog den Adjectiven dreier Endungen anorganische Bildungen auf *e*. Metrisch und zum Theil auch durch den Reim gesichert sind:

550. a) in ursprünglicher Form: in attributiver Stellung: *grant* 53, 157, 275, 379, 387, 652, 888, 946, 1169, 1308, 1328, 1612, 1781, *granz* 1310; *quel* 231, 233, 343, 610, 649, 1674, *quels* 66, 232; *tel* 1194, *itel* 1387, *tels* 1425, 1426; in praedicativer Stellung: *fort* 626, 1398.

551. b) mit *e*: in attributiver Stellung: *grande* 240, 290, 570, 584, 899, 1419, 1462, 1693, 1754 (P *la gravele*) 1814, *grandes* 684 (P *beles*), 1647; *tele* 797 (L *tel*), 890 (L *tel*, P *cele*); *dulce* 704, 997, *dulces* 557, *fole* 921, 1414; in praedicativer Stellung: *forte* 895, 1704 (L *fort*), *grandes* 389.

552. Von Masculinis begegnen: a) in ursprünglicher Form d. h. mit flexifischem *s*: in attributiver Stellung: *divins* 477 = -*īnos*; *chers* 771 = -*arius* (Adv.), *durs* 1383 = -*ursum*; in praedicativer Stellung: *justes* 42 = -*usticos*, *gurz* 220 (P *cors*) = -*urnos*; *entiers* 600 = -*arius* (Adv.), *baïs* 615 (P *mer*) = -*ensem (P *trover*) *enclins* 811 = -*īnos*, *pius* 1437 = -*ŏcos*; *beals* 1628 = *illos*, *luins* 1630 = -*onios*; *poesteïs* 1646 = -*īsum*.

553. b) ohne *s*, in praedicativer Stellung: im Singular: *vil* 29 = -*īlium*, *fi* 118 = -*īco*; *bel* 268 . -*ellum*; *piu* 1516 = -*ŏcum*; *prest* 1745 = *est* und wohl auch *descuvert* 1205 -*ertum* (vgl. hierzu Rimarium, Varianten); im Plural nur *grant* 633 = -*ante*.

554. Neutrale Form liegt zu Grunde in: *tart* 1076, 1394, 1480 = -*ardem* -*ardet*.

Als cas. obl. erscheint die Form des Nom. in *graindre* 1250 = -*angere*.

Wie die Adjectiva zweier Endungen zeigen auch die Participia praes. im Femininum Weiterbildungen auf *e*; vgl.:

555. a) in urspr. Form, und zwar in attributiver Stellung: *ardant* 788, *ardanz* 1124, 1128, 1208.

556. b) in erweiterter Form: in attributiver Stellung: *dormante* 895, *flamantes* 1009 *trenchantes* 1010; in praedicativer Stelung: *culante* 177, *curante* 178, *fumante* 1105, *puante* 1106.

557. Von Masculinis kommen vor: 1) vom Part. praes.: in praedicativer Stellung ohne *s* im Nom. Sgl. *savant* 1518

= -*ante*; im Plur. in derselben Stellung nur ohne *s*, *querant* 3.3 = -*andem*; *perdunt* 540 -*antum*; *savant* 1030, 1588 = -*ante*.

558. 2) vom Part. perf. und zwar von mit *estre* conjugirtem die Nom. Sgl.: a) mit *s*: *esliz* 32 = -*ītus*; *venuz* 50, = -*ūtes*; *cunreez* 451, *prcez* 1199, *espeez* 1367 = -*atis*. b) ohne *s*: *gabeth* 14 (P f.) = -*atem*; *curud* 90 -*uit*; *chaït* 1025 = -*ītum*.

559. Ferner die Nom. Pl.: a) ohne *s*: *meud* 191 = -*utum*; *entailet* 276 (P *gemet*, O *paret*), *entret* 294 *descritet* 533; *apelet* 808 *enserret* 1498 (P f.) 1822 = -*atem, atum*; *goit* 1110 -*ītum*; *recout* 1178 - -*utum*; *venud* 1221 = -*udum*; b) mit *s* nur *cachez* 1116 = -*atis*.

560. Neutrale Form liegt zu Grunde in *cumandet* 830, *celet* 1227 (= -*atum*).

561. Das mit *avoir* conjugirte Part. perf. richtet sich nach dem vorhergehenden Objektskasus in *que cist out la receue* 104; *ad nuveals dras apareiliez* 828 = -*atos*; *l'ad guardee (l'* = *caldiere)* 837; *l'unt retruvee* 838 (L *unt*); *la nef ad cunduite* 1161 (= -*ugitam*).

562. Die Congruenz ist unterlassen in *Par miracles que unt vout* 374 (f. P) (: *unt asout*); *nus unt goid* 564 (: *avez oid*); *grant mer out trescurud* 438 (*fud*); *al port lur ad un tref tendud* 826 (*utum*).

563. Congruenz mit nachfolgendem Objekt ist dagegen nicht zu belegen; Nichtcongruenz begegnet in solchem Falle 468, 987, 1207.

564. Das Partic. bei reflexiven Verben erscheint gesichert nur ohne Congruenz, wird also wohl auf das Subj. bezogen vgl. *se sunt tolud* 821 : -*ute*; *sen sunt turnet* 1486 - -*atum* (Neutr.).

IV. Verbalflexion.

565. Die erste Person Singularis Praes. Ind. erscheint in der Regel den Lautgesetzen gemäss ohne Endung. So sind gesichert im Reime: *pri* 329 - -*īc*, *repair* 1358 = *aerem*, *comant* 1473 = -*antem*, *ai* 1562 (= *resuscitrai*), *di* 117 = -*īdum*, *defent* 296 = *inde*, 647 = -*entem*, *oi (audio)* 1325 = -*aucum*; im Innern: *descen* 1416, *gis* 1417, *sai* 1437, *faz* 1474.

566. Neben diesen regelmässigen Formen begegnet mit gesichertem *e*: *lie (ligo)* 1451 (= *nie* = lat. *necem*) *demaine* 1302

= *-oenam* und *crie* 1246 = *-tam* (oder Conjunctiv?), doch keine im Innern. Das von der Hs. P gebotene *turne* st. *turni (turnico)* 1356 wird schwerlich eingesetzt werden dürfen, vgl. *turniet*. *change* 1351 hat *e* als Stützvokal; *munte* 1349 und *merveille* 1710 verstossen gegen das Metrum und sind daher durch *munt* und *merveil* (wie es beispielsweise im Roland 3179 thatsächlich, wenn auch in der Caesur vorkommt) zu ersetzen.

567. Mit *i* erscheint *revoi* (*revado*) 860 = *-aucum*.

568. Die zweite Person zeigt *s*, welches sich mit einer vorhergehenden Dentalis zu *z* verbindet; vgl. *fras* 1040 = *-asse* und unter Consonantismus $d + s = z$.

569. Die dritte Person hat *t*, welches abfallen kann in der Endung *et* s. Schund von *t* und *t* = franz. δ. Doch begegnet der Abfall nur im Reime. Im Innern findet sich kein Fall, wo mit Sicherheit Elision des *e* und darum Schwund des ausl. *t* anzunehmen wäre. Dagegen beweisen die Erhaltung des *t*: 151, 182, 1077 (*entret*), 1510, 1520, während die übrigen Fälle, wo *e* noch vor vokalischem Anlaut steht (198, 205, 267, 357, 616, 956, 1077 (*leuet*) 1153, 1733 indifferent sind, da hier die Endung vor der Caesur liegt und darum Hiat angenommen werden kann.

570. Wohl irrige jedenfalls nicht sichere Fälle mit unetymologischem *e* sind *braiet* 912 (P *crie*), *asorbet* (?) 1650, *resortet* 1059 (P *reconforte*).

571. Im Plural finden wir in allen Conjugationen: in der ersten Person *-um*; vgl. *eisum* 834 = *-ōnem*; ausserdem *lavum* 754 = *avum* 753; *avum* 127, 415, 742 = *savum* 128, 416, 741; *demurum* 1218 = *curum* 1217; *devum* 755 = *recevum* 756. Eine Ausnahme bildet nur *sumes* 519 (= *fumes*).

572. In der zweiten Pers. überall *ez* (resp. *iez*); vgl. *veez* 1368 = *espeez (atus); reclamez* 458 = *tamez* 457; *cunreez* 400 = *pernez* 399.

573. Ob dieselbe Endung auch in dem Futurum anzunehmen ist, lässt sich, da dieses nur mit sich selbst reimt, nicht mit Sicherheit entscheiden vgl. *entunerez* 427 = *vervez* 428; *sujurnerez* 769 = *irez* 770; *verrez* 475 = *crerres* 476; *vendrez* 367 = *prendrez* 368. Im ungefähr gleichzeitig entstandenen Computus des *Philippe de Thaun* reimen dagegen Futurformen mit der 2. Pers. Plur. Ind. Praes. (vgl. Mall S. 109), während bei Wace für das *Futurum eiz* durch den Reim gesichert

ist (vgl. Andresen S. 570) und im Roland beide Endungen nebeneinander vorkommen.

574. In der dritten Person *-ent* vgl. *trovent* 1622 = *movent* 1621 *guardent* 1905 = *ardent* 1706; *pernent* 216, 963, 1100 = *feignent* 215, 964, 1099; *regretent* 230 = *metent* 229; *cumandent* 572 = *espandent* 571; *volent* 1129 = *tolent* 1130; *veient* 963 = *creient* 954.

575. Das der Endung vorhergehende *i* der Conjug. ist spurlos geschwunden vgl. *resortent* 1694 = *portent*.

576. Singuläre Bildungen sind: *sunt, unt, vunt, funt, estunt*; gesichert durch *unt* 1132, 1710, 716, 1668, 1204, 1624, 1648, 403 = *-ontem* 1131, 1709 = *sunt* 715, 1667 = *vunt* 1203, 1623 = *funt* 1647 = *estunt* 404; *sunt* 638, 1395, 607, 705 = *amunt* 637, 1400 = *vunt* 608, 706; *funt* 1616, 840 = *vunt* 1615 = *estunt* 839.

577. Dem Conjunctiv Praes. gebührt in der ersten Conjug. lautgesetzlich kein *e*. In unserem Texte begegnet aber nur eine einzige Form dieses Tempus, und zwar mit *e*: *Pur cel ai cest dunt me lie, par la buche que ne nie* 1452[1]).

578. Auch in der 3. Pers. begegnen Formen mit *e*, doch neben solchen ohne *e*; vgl. neben gesichertem *enmeint* 129, *enseint* 130, *virt* 131 (= *espirt*), *peint* 759 (= *esteint*), *enport* 1011 (= *fort*), *anuit* 1387, 1478 (= *nuit*) die Formen: *Li abes dunc les amonestet que curages unc ne cesset* 224 (P que deus les guart de tempeste); *Metez vus en deu maneie e ni ait nul qui s'esmaie*[2]) 226; *E poi en falt pur turmente la nef od eals que n'adente* 902. *Recrie* 1742 und *target* 135 können als Indicativ gefasst werden; vgl. Willenberg, Rom. Stud. 383, Anmerkung 1. In *mustret* 49, 503 ist *e* Stützvokal.

579. *sis* (*sias*) zeigt regelrecht *seies* = *-ēbeas* 1515, *sit* (*siat*) dagegen *seit* = *-ēbet* 504, *-idet* 871, *-ībit* 1587. Auch *habeat* hat das nachtonige *a* verloren, vgl. *ait* 1512 = *-adit*.

580. Zur *i-* resp. *e* Conjugation ist übergetreten *doile* 17 = *-oleat*, *prengent* 1472 = *-emniant*, *meinge* 119 = *-endeam*.

581. Das Imperfectum hat zwei Endungen, *oue* für die I. Conjug. und *eie* für die übrigen Conjugationen. Ein Fall der

---

1) Hier den Indicativ anzunehmen und den Nebensatz als Consecutivsatz aufzufassen (was Willenberg, Rom. Stud. III, 381 für möglich hält) ist wegen des vorangehenden *pur cel..*, wodurch deutlich die Einleitung eines Zwecksatzes ausgedrückt wird, wohl unzulässig.

2) An den Indicativ, worauf Willenberg Rom. Stud. III, 397 aufmerksam macht, werden wir hier nicht denken dürfen, da dieser Fall zu den von ihm p. 383 Anm. 1 angeführten Fällen insofern nicht stimmt, als hier der Zusatz nicht eine Behauptung sondern einen Wunsch ausdrückt.

Mischung begegnet nur in *muveit* — *luigneit* 455/56, doch liest P und ebenso *D* (vgl. Vising S. 99) *fuieit* st. *luigneit*.

582. Der Fall, der im Compotus gar nicht begegnet, dass die Endung *out* mit der gleichlautenden Perfectendung reimt, begegnet in *portout* 1135, 1565 = *out* 1136 = *pout* (*pavuit* st. *pavit*) 1566; *estout* 77 = *out* 78.

583. Für lat. *ĕrat* gebraucht der Dichter die Doppelformen *ere* 86, 222, 442, 988 = *frere* und *ert* 1642, 1670 = *pert (paret)*.

584. Von den Perfectis bewahrten die auf lat. *ui* in der 1. Pers. das ausl. *i*, so in *soi (sapui)* = *-aucum*.

585. Die 2. Pers. Perf. liess das in den franz. Auslaut getretene *t* schwinden vgl. *quesis* 543, *requesis* 1789 = *-īsum*.

586. Für die sigmatischen Perfecta scheint Schwund des inlautenden *s* in der 2. Pers. Pl. zu beweisen: *preistes* 725 = *veistes*.

587. Eine auch sonst oft belegte Nebenform nach der *a* Conjug. ist *finat* 1831 = *-avit*.

588. Zur *i* Conjug. sind übergetreten die lat. Perf. der dritten Conjug. auf *īdi* vgl. *defendi* 1279 = *īcum*, *rendi* 1299 = *-īem*, *trahi* 1282 = *īvi* und von urspr. Deponentien *nasquis* 776 = *pais*, was jedoch wohl nicht zuzugeben ist für *alirent* 1000 (= *guarnirent*), wofür P *issirent* bietet.

589. Zur sigmatischen Perfectbildung sind übergetreten *asist* 282 = *mist*; *prist* 780 = *dist* (L *mist*) *braist* (*braxit*) 930 = *traist*. Einfluss der *i* Conjug. ist wohl anzunehmen in *fis (feci)* 1247 = *pris (pretium)*, *fist* 57 = *mist* und *tint* 1443, 1513 = *vint*, *purtint* 1062 = *tint*.

590. Im Futurum sollte in der *a* Conjug. der Ableitungsvokal *a* als *e* erhalten bleiben. Dem entsprechen *porterai* 434 *enturnerez* 427, doch begegnen daneben auch Formen mit unterdrücktem *e* s. S. 71. Andrerseits könnte eingeschobenes *e* angenommen werden in *prenderez* 368 (vgl. *P*), doch vgl. als regelmässige Gegenfälle *aprendras* 1793, *revendras* 1794, 1797, *atendras* 1798, *avrat* 25, 1759, *savrat* 26, 1760, *vendres* 367, *devrunt* 68, *vendrunt* 1431, *tendrunt* 1432.

591. Verlust des Stammvokals ist häufig zu belegen für Fut. resp. Conditionalformen von *faire* s. S. 71, nur einmal begegnet die volle Form *ferat* in 920.

592. Von Infinitiven sind übergetreten [1]): von der lat. III zur

---

[1]) Von Übertritten spreche ich der Kürze wegen stets mit Ausgang vom Lateinischen, wiewohl in einer Reihe von Fällen thatsächlich die schrift-

II. Conjug. *saveir* 527, 1433 = *aveir*, von der II. zur IV. Conjug. *tenir* 928, 1522 = *venir*, *retenir*, aus der III. zur IV. *esperir* 1316 = *serir*. Von Deponenti ist zur III. Conjug. übergetreten *paistre* 526 = *maistre*.

593. Aus dem deutschen stammend und nach der *i* Conjugation gebildet sind *guarnir* 299 = *avenir*.

594. Auf *essere* st. auf *esse* geht *estre* zurück = *destre*[1]).

595. Das Participium Praes. ist in allen Conjugationen auf -*ant* gebildet *criant* 189 = *tendant* 190, 255 = *pendant* 256, *culante* 177 = *curante* 178 (L -*ance*), *fumante* 1105 = *puante* 1106.

596. Im Part. pf. zeigen die Verba der lat. II. und III. Conjug. sämmtlich die Endung *ut* (lat. *utum*) vgl. *meud* 191 = *seud* (*secutum*), *vout* 375 = *asout*; *tendud* 826 = *chanud*, *tolud* 821 = *absolud*.

597. Von Verben der *i* Conjug. hat diese Endung angenommen *venud* 1221 = *nud*, *venuz* 506 = *vertuz*.

598. Von Verben mit urspr. sigmatischer Participialbildung sind hierzu übergetreten *curud* 98 = *fud*; *penduz* 1295 = *venduz*.

599. Zur *i*- aus urspr. stammhafter Conjug. sind übergetreten *failiz* 975 = *sailiz*, *chait* 1025 *hait*.

600. Ein lat *ïsum* (*ïsam*) setzen voraus: *mis* 184, 632, 261, 1398 = -*ïes* 183, 631, = -**ïsum* 262, 1397, *atmis* 350 = -*ïsum*, *tramis* 396 = -*ïcus*, *asis* 50 = *ïsum*, *asise* 1036 = -*ïtiam*, *pris* 1803 = -*ïsum*, *apris* 733 = *asis*, *enpris* 9 = *mis*.

601. Zur sigmatischen Participialbildung auf -*sus* sind übergetreten *quis* 665, 1596 = *ïsum*, *surs* 1664 = -*ursum*, *surses* 1275 = -*ursas*.

---

lateinischen Formen die übergetretenen und die aus dem archaischen und Vulgärlatein überkommene romanische Form die ursprüngliche gewesen sein wird.

1) Der Schreiber zeigt die Tendenz, Infinitive und auch andere Formen der *e* und *i* Conjug. an die *a* Conjug. anzugleichen vgl. *repenter* 120, *dormer* 320, *chaer* 657 *murer* 1040, *tener* 1522, *muver* 1614, und von anderen Formen *oierent* 851, *goierent* 352, *chosserent* 465; vgl. Stengel in Ztschr. f. neufr. Spr. u. Lit. I S. 40.

Curriculum vitae.

Am 7. November 1858 wurde ich als Sohn des Kaufmanns Theodor Birkenhoff zu Hoerde in der Provinz Westfalen geboren. Ich erhielt meinen Unterricht in der Elementar- und sodann der Rektoratschule meiner Vaterstadt, dem Realgymnasium zu Dortmund und den Universitäten Halle und Marburg. Ich studirte neuere Philologie, Geschichte, Geographie und Philosophie und hörte Vorlesungen bei den Herren Professoren Bergmann, Cohen, Droysen, Elze, Gosche, Kirchhoff, Rein, Stengel, Suchier, Varrentrapp und den Herren Privatdocenten Dr. Gering und Dr. Koch. In Marburg gehörte ich 3 Semester dem romanisch-englischen und dem geographischen Seminar an.

Der freundlichen Anregung des Herrn Professor Stengel verdankt die vorstehende Arbeit ihre Entstehung und durch seine stets liebevoll gewährte Anleitung wurde sie befördert.

Allen meinen verehrten Lehrern sage ich hier bestens Dank.